O Pensamento Psicológico

Coleção Debates
Dirigida por J. Guinsburg

Equipe de realização – Revisão: Plínio Martins Filho; Produção: Ricardo W. Neves e Sergio Kon.

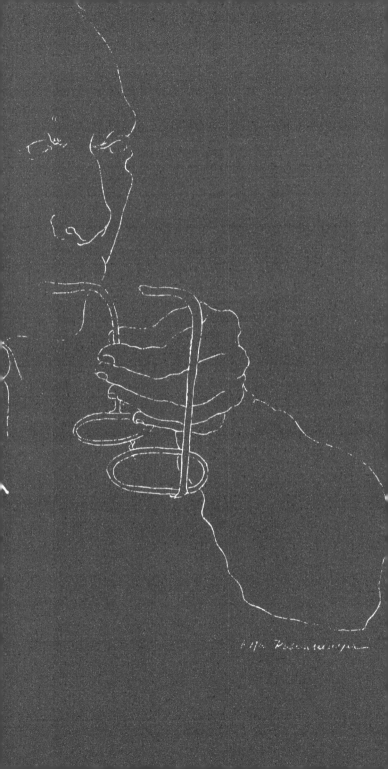

*Anatol Rosenfeld durante uma aula de filosofia em casa de. . .
Desenho de Rita Rosenmayer.*

anatol rosenfeld
O PENSAMENTO PSICOLÓGICO

PERSPECTIVA

Dados Internacionais de Catalogação na Publicação (CIP)
(Câmara Brasileira do Livro, SP, Brasil)

Rosenfeld, Anatol, 1912-1973.
O pensamento psicológico / Anatol Rosenfeld. —
São Paulo : Perspectiva, 2013. — (Debates ; 184 /
dirigida por J. Guinsburg)

3ª reimpr. da 2. ed. de 1993
Bibliografia.
ISBN 978-85-273-0648-5

1. Psicologia - História I. Guinsburg, J.
II. Título. III. Série.

06-3094   CDD-150.9

Índices para catálogo sistemático:
1. Pensamento psicológico : História 150.9
2. Psicologia : História 150.9

2ª edição – 3ª reimpressão
[PPD]

Direitos reservados à
EDITORA PERSPECTIVA LTDA.
Av. Brigadeiro Luís Antônio, 3025
01401-000 – São Paulo – SP – Brasil
Telefax: (0--11) 3885-8388
www.editoraperspectiva.com.br
2019

SUMÁRIO

Pensando em Anatol Rosenfeld: Um Preâmbulo Amoroso. . 7

1. A PSICOLOGIA GREGA 11

   1.1. *Os Inícios* 11
     As primeiras teorias psicológicas, 12. Empédocles, 13. Sensações e Pensamentos, 14. Os Sofistas, 15. Sócrates, 15.

   1.2. *O Apogeu* 16
     Platão, 16. Aristóteles, 18.

   1.3. *O Declínio* 21
     Os Estóicos, 21. Os Epicuristas, 23. Os Céticos, 24. Conclusão, 24.

2. A ÉPOCA HELÊNICO-ROMANA DE TRANSIÇÃO . 25

   2.1. *O Sincretismo* 26
   2.2. *Plotino* 27
   2.3. *Os Inícios do Cristianismo* 29

3. O PENSAMENTO PSICOLÓGICO DOS FILÓSOFOS CRISTÃOS 31

3.1. *Sto. Agostinho* 31

3.2. *Tópicos Psicológicos Fundamentais da Escolástica* . 34

Noções anatômicas e fisiológicas, 35. O termo "espírito", 36. A Percepção, 36. Razão e Vontade, 37. A "consciência", 37. A Unidade da Alma, 38. O Problema dos Universais, 39.

3.3 *A Influência Árabe* 40

Alfarabi e Ibn Sina, 40. Al'razen, 40. Averroés, 41. Maimônides, 42.

3.4. *O Apogeu da Escolástica* 42

Alberto Magno, 42. Tomás de Aquino, 44.

3.5. *O Declínio da Escolástica* 45

A Mística, 46. Duns Scotus, 47. William of Occam, 48. Roger Bacon, 48. Conclusão, 49.

4. O RENASCIMENTO 51

4.1. *O Surgir da Visão Naturalista* 52

4.2. *O Conhecimento do Corpo Humano* 53

4.3. *A Escola da Itália* 54

Pomponazzi, 54. B. Telesio, 54. T. Campanella, 55. Scaliger, 55. Juan Luis Vives, 56. Conclusão, 57.

5. A PSICOLOGIA NOS SÉCULOS XVII E XVIII 59

5.1. *Os Progressos Científicos* 59

5.2. *O Racionalismo* 60

René Descartes, 61. Arnoldo Geulincx e Nicolas de Malebranche, 63. Spinoza, 63. Leibniz, 65. Wolff, 67.

5.3. *O Empirismo* 67

Bacon, 67. Hobbes, 67. Locke, 69. Berkeley, 70. Hume, 72. Hartley, 74. Tucker, 75.

5.4. *A Psicologia na França* 75

Condillac, 75. La Mettrie, 75. Cabanis, 76. M. de Biran, 76.

5.5. *O Criticismo de Kant* 77

Conclusão, 80.

6. A PSICOLOGIA NO SÉCULO XIX (PRIMEIRA PARTE) 81

6.1. *Apogeu e Superação do Associacionismo Inglês* . . . 81

J. Mill, 81. J. S. Mill, 82. J. Bentham, 82. A. Bain, 82.

6.2. *A Escola Escocesa* 83

Reid, 84. Brown, 84. Hamilton, 85.

6.3. *Filósofos Germânicos e sua Psicologia* 85

Herbart, 85. Beneke, 87. Schopenhauer, 87. E. von Hartman, 88. Nietzsche, 88. Lotze, 88.

7. A PSICOLOGIA NO SÉCULO XIX (SEGUNDA PARTE) 91

7.1. *A Influência da Anatomia e Fisiologia* 91

A Frenologia, 92. A Fisiologia dos Nervos, 92. Johannes Mueller, 92. A Percepção Sensorial, 93. E. H. Weber, 94. Helmholtz, 94. T. Young, 95. Donders, 96. Hering, 96. Fechner, 96.

7.2. *A Influência da Biologia* 98

Comte, 99. Spencer, 99, Darwin, 101. Galton, 102.

7.3. *W. Wundt e a Psicologia Experimental* 103

Conclusão, 106.

8. OS DESENVOLVIMENTOS MAIS RECENTES 107

8.1. *A Psicologia Diferencial e os Testes* 107

Cattell, 107, *Binet*, 109.

8.2. *O Domínio da Biologia* 110

W. James, 111. McDougall, 112. A Psicologia do Comportamento (Behaviorismo), 113.

8.3. *A Psicologia Gestáltica* 114

8.4. *A Psicanálise* 115

Freud, 115. Jung, 118. Adler, 118.

8.5. *A Psicologia Social* 119

McDougall, 120. Le Bon, 120. Tarde, 120. Condicionamento Social *versus* Nativismo, 121.

8.6. *A Psicologia como Ciência Cultural* 122

Dilthey, 122. Spranger, 123. Conclusão, 125.

PENSANDO EM ANATOL ROSENFELD:
UM PREÂMBULO AMOROSO

Anatol foi muito mais do que um professor de Filosofia. Anatol foi um contato cultural que transcende a informação que vem dos livros porque Anatol era um tipo, não sei bem que espécie de tipo, se o do exilado judeu alemão, solitário, intelectual, se o do universitário alemão atingido pelo nazismo em meio a uma vida universitária muito rica, o homem que cruzava com Köhler, com Kofka, com Kurt Lewin, nos corredores da Universidade de Berlim, do jovem que foi aluno de Nicolai Hartmann e que se referia ao mestre com toda a reverência que só conseguimos imaginar num outro tempo, em que a palavra "professor", *Herr Professor*, tinha uma aura de santidade, se o do emigrado anônimo que teve de sofrer desde a experiência de trabalhar na enxada numa fazenda de café perto de Campinas, até, depois de várias ocupações, tornar-se caixeiro-viajante, vendedor de gravatas, e que, enquanto isso, ainda colaborava em revistas estrangeiras de língua alemã, numa época em que no Brasil pouquíssimos reconheciam o seu valor. Anatol cuidando sempre do vinco da calça (cautelas de solteirão pobre ou hábitos de ordem e compostura?), Anatol sempre de paletó e gravata, o punho da camisa muito cuidado, nunca vi nele um gesto de desalinho ou de desordem, nunca o ouvi pronunciar uma palavra menos polida, embora pudesse ser bem agressivo, Anatol que pedia no restaurante sempre a sua conta, em separado (seria um hábito europeu?), Anatol que, convidado para jantar, chegava com o indefectível pacotinho de bombons, sempre pontual, sempre fino, discreto, Anatol que nunca falava de sua vida privada e que jamais invadia a vida privada do outro, Anatol que nunca pedia nada que não lhe coubesse de direito e que estava sempre pronto a atender naquilo que julgasse adequado que se lhe pedisse.

Anatol tinha muito medo do que ele considerava como as minhas tendências místicas ou idealistas, e eu gostava de provocá-lo. Ele tentava ser um homem positivo, científico, preciso. Dizia brincando que eu era a moça dos três ipsilones, "Yoga, Yung e Yoróscopo", mas eu sentia que havia muita ternura nesta crítica e nesta brincadeira, que ele respeitava o meu discernimento.

Foram mais de quinze anos de reuniões às segundas-feiras para estudar Teoria do Conhecimento e outros temas de Filosofia, sobretudo Estética. A leitura minuciosa das *Meditações* de Descartes, da *Crítica da Razão Pura* de Kant e outros universos entrevistos e descobertos, num sem pressa da dedicação e do amor e, depois, o tradicional chá, as discussões, os comentários políticos e sobre acontecimento culturais. Anatol não pontificava, sabia escutar. Tinha sempre uma excelente informação bibliográfica a fornecer.

"Anatol, como é que você trabalha?" — "Eu leio duas horas as coisas que eu preciso ler; depois eu leio duas horas as coisas que eu gosto de ler; depois eu escrevo duas horas. Saio um pouco, faço as coisas que preciso ou quero e recomeço". Anatol, a não ser por razões financeiras, não perdia um espetáculo. Estava sempre atualizado em matéria de literatura. Foi dos primeiros, em nosso meio, a ler o "nouveau roman". Eu me lembro dele comentando *La Jalousie* de Robbe-Grillet. Também foi um dos primeiros que eu ouvi falando de "Gestalt" em relação ao teatro, à obra pictórica. Uma série de conferências suas proporcionou-me, pela primeira vez, uma aproximação em profundidade do universo de Thomas Mann.

Apesar de toda uma estrutura formal e polida, Anatol tinha abertura para as coisas novas. Posso imaginar quanto isso poderia exigir de esforço. Chegou a entrar em polêmica com algumas manifestações que lhe pareciam muito loucas, mas seu comentário em relação a experiências de gente nova estava marcado sempre pelo respeito e pela consideração.

Seu apego à razão e à racionalidade pareceu-me sempre uma defesa contra uma extrema sensibilidade e vulnerabilidade afetiva. No fundo, Anatol era um romântico. Além disso, era um homem marcado pela invasão da irracionalidade em sua pátria. Assim, Anatol não podia deixar de temer o mito, a valorização da busca das origens e tudo o que pudesse levar a um abuso no sentido da raça, da elite, do destino, tudo o que pudesse lembrar verde--amarelismo, nazismo etc.

Anatol parecia ter muito respeito pelos sentimentos, pela individualidade dos outros. As coisas podiam agradar-lhe ou não, mas jamais eu vi ou ouvi Anatol se autorizando a interpretar comportamentos ou pessoas. O respeito que ele tinha pelos outros era tão grande que não cabia psicologizar nem interpretar. Anatol conhecia Psicologia, mas era fundamentalmente um *Sujeito Ético*. Interpretar fora do contexto e sem a solicitação do interessado é sempre um ato de agressão ou de caridade. E a agressão e a caridade não eram valores éticos para Anatol.

Eu já o conheci com esse texto de Psicologia na mão. Sabia que era um texto dele, que deveria fazer parte de um livro em colaboração. Não quero me deter aqui sobre o valor do texto. Tudo o que Anatol fazia era muito sério. Ele não brincava, não chutava. E é claro que eu não me proponho uma análise crítica. É um texto completo; talvez Anatol modificasse alguma coisa se o projeto fosse levado adiante. Uma vez escrito por Anatol, ele tem o que nos ensinar, além do inegável "prazer do texto" que os escritos de Anatol trazem.

Eu aprendi com Anatol não só o que preparei para seminários, não só o que o grupo contribuiu com as discussões, mas fundamentalmente eu aprendi com Anatol uma ética. É difícil explicar muito o que isto significa. Tem algo a ver com o amor ao conhecimento, com responsabilidade, com respeito, com dignidade, com liberdade, com a desalienação e participação no social etc. Anatol não fazia concessões. Durante os quase vinte anos de sua vida, que eu acompanhei, sobrevivia com cursos, aulas, artigos, numa situação completamente precária do ponto de vista financeiro. E no entanto, nunca aceitou encargos institucionais mais comprometidos, embora convidado várias vezes a lecionar na universidade. Este comportamento, evidentemente, tinha a ver com a sua ética.

Estou muito comovida: me ocorre que Anatol não só viveu com dignidade, mas também pôde morrer com dignidade — que coisa fantástica!

Regina Schnaiderman

1. A PSICOLOGIA GREGA

1.1. Os Inícios

A filosofia e a ciência tiveram origem quando o homem refreou a sua imaginação mitológica, criadora de agentes misteriosos, e quando procurava explicar a natureza em termos de fatos naturais, baseando-se cada vez mais em fenômenos observados. Pode-se considerar os "fisicistas" gregos do século VII a.C. como os primeiros filósofos. No entanto, embora eliminassem a influência preponderante da mitologia e deixassem de lado os demônios e a alma do reino das sombras, os filósofos gregos que chegaram a elaborar teorias psicológicas não conseguiram impedir que seu pensamento psicológico se misturasse com teorias metafísicas.

Ainda que fossem, no entanto, primeiro metafísicos e depois psicólogos, o efeito da sua metafísica sobre sua psicologia não foi tão grande quanto se poderia supor. O seu ponto

11

de vista filosófico-metafísico – extremamente geral – deixava bastante campo à observação dos fenômenos particulares da mente dos quais se ocupa a psicologia. Assim, ao se referirem aos fenômenos psicológicos observáveis, chegaram a dar muitas vezes explicações semelhantes, por mais que diferissem nas concepções filosóficas fundamentais. Merecem, pois, os filósofos gregos realmente o título de fundadores da ciência psicológica. E isso apesar dos seus métodos deficientes e dos seus conhecimentos rudimentares da física e da fisiologia. Basta dizer que Aristóteles ainda afirmava ser o coração o órgão central da percepção e sede da mente, embora desde Alcméon de Crotona se supusesse caber tal distinção ao cérebro.

1.1.1. *As primeiras teorias psicológicas. Alcméon de Crotona* (Itália; por volta do século V a.C.), por muitos considerado como o primeiro psicólogo, é um exemplo marcante dessa mescla de especulação metafísica, de um lado, e de observação científica primária, de outro. Embora não propriamente pitagórico, desenvolve concepções semelhantes sobre a imortalidade da alma – decorrente do fato de que esta se encontra em eterno automovimento – e da natureza divina dos corpos celestes. Lado a lado, parecem confundir-se dois conceitos da alma, o religioso da época de Homero, misturado com conceitos órficos, e o fisiológico: a alma que faz parte integral do corpo. É este último conceito de alma que passa a ser o objeto de indagação dos fisicistas, conquanto se note a influência do conceito religioso ainda nas teorias de Platão e Aristóteles.

Médico, Alcméon tem também idéias especulativas sobre a saúde como sendo "o equilíbrio de forças contraditórias". Ao mesmo tempo, porém, começa a dissecar animais e descobre que há, partindo dos olhos, "vias que levam a luz" até o cérebro, com a imagem que se reflete nos olhos. Verifica, portanto, de forma rudimentar, a existência de nervos, esboça uma fisiologia dos sentidos e estabelece o cérebro como órgão central da alma. Por isso, a mente sofre danos, quando o cérebro é abalado por um choque forte.

Parece que Alcméon concebeu o corpo cristalino dos olhos como uma espécie de espelho: este reflete as coisas visíveis, cuja "imagem" é transmitida ao cérebro pelas "vias que levam a luz" (isto é, os nervos ópticos). Os olhos contêm um *pneuma* natural (provavelmente uma espécie de fogo etéreo), pois quando o olho é golpeado, esse fogo solta fagulhas. Os olhos vêem mercê da água que os circunda.

O desejo de determinar a "natureza", isto é, a "substância" da alma – como a de todas as coisas – é traço típico dos fisicistas. Não conhecem nenhuma diferença fundamental entre corpo e alma. Assim dizem *Anaximandro* (século VI a.C.) e *Anaxímenes* (século VI a.C.) que a alma é "ar", alento vital, hálito ou *psyche*, termo que de início significa sopro em geral, depois mais de perto "hálito" ou alento, vindo a significar — visto que o hálito parece ser o característico do vivo — a própria vida e, finalmente, o princípio da vida ou seja a alma. O termo *psyche* apresenta assim, no seu desenvolvimento, certo paralelismo com o do *pneuma* (espírito).

Apesar da concepção material da alma, é geral a opinião de que o animado até certo ponto é diverso do inanimado, pelo atributo natural do movimento, além de lhe caber também o ato da sensação. Mas não se diferenciam, de forma clara, a "alma pessoal" e o mundo da natureza e das coisas, pois tudo, em essência, é animado. Assim, Tales dizia que a alma é algo que causa movimento e, por isso, a pedra magnética deveria ter alma porque move o ferro. Aquilo que em si mesmo não é movimento, não pode movimentar nada; logo a alma é, pela sua própria natureza, movimento. Tal opinião coaduna-se muito bem com a teoria de alguns de que a alma é uma espécie de fogo ou calor etéreo ou sopro quente — pois este, entre os "elementos", se aproxima mais da natureza incorporal e está em constante movimento. *Leucipo* e *Demócrito* (século V e IV a.C.) consideram a alma (e o fogo) como átomos particularmente móveis, em conseqüência da sua forma esférica, forma em virtude da qual nunca chegariam a um estado de repouso. É, portanto, a alma que move o corpo.

1.1.2. *Empédocles* (Agrigento; século V a.C.). Ao lado do atributo do movimento, cabe à alma a faculdade da sensação. Essa faculdade representa um problema que desde cedo começa a interessar os gregos. É em particular Empédocles que desenvolve uma espécie de fisiologia dos sentidos, de grande influência. Segundo ele, o igual percebe o igual (ao passo que *Heráclito* (540-480 a.C.) e *Anaxágoras* (500-428 a.C.) afirmam que o contrário percebe o contrário). Todos os corpos são dotados de poros, dos quais emanam certos fluxos. A sensação resulta da adequação (ou simetria) de tais fluxos aos vários órgãos de sentido. Por isso, um sentido não pode perceber os objetos de outro, pois que os poros de um são amplos, os de outro estreitos demais. O processo da visão, em particular, é explicado de acordo com a sua teoria dos quatro elementos (ar, fogo, água, terra) de que é constituído o universo. O interior do olho seria fogo (calor, luz) e em torno dele se situam água, terra e ar; através dessas matérias penetra o fogo (a luz ou os fluxos emanados dos objetos) em virtude da sua substância fina. Os poros do fogo e da água alternam-se, e por meio do fogo se vêem os objetos brancos, por meio da água, os pretos. Pois uns se adequam àqueles, outros a estes. Essa teoria é complicada pela suposição ocasional – proveniente de Alcméon e depois adotada por Platão – de que também dos olhos emanam raios que se encontram com as emanações dos objetos e trazem a imagem para dentro dos olhos.

1.1.3. *Sensações e Pensamento.* A teoria das emanações materiais explica também para Leucipo, Demócrito e Epicuro os processos de percepção. Ver, por exemplo, significa, segundo Demócrito, receber o reflexo dos objetos. Desses últimos emanam imagens ou reflexos, penetrando nos olhos e originando assim a visão. Segundo a sua teoria atômica, no entanto, não atribui aos objetos qualidades como cor, som, odor. É a posição, coordenação e figura dos átomos que provocam em nós as impressões mencionadas as quais são, portanto, subjetivas ("qualidades secundárias", na terminologia de Locke; só qualidades como forma, solidez, densidade etc., são objetivas, ou seja, "qualidades primárias").

Enquanto, porém, Empédocles não distingue ainda claramente as sensações – a "sensualidade" – do processo de pensar, Demócrito já os diferencia, da mesma forma como Heráclito, *Parmênides* (por volta do século V a.C.) e Alcméon para quem o homem, pelo pensamento, se eleva acima dos outros seres, visto esses terem somente a faculdade dos sentidos (referentes ao "mundo sensual" ou "sensível"; a essa faculdade ligam-se os afetos, paixões, apetites, desejos etc.). Essa distinção entre a faculdade das sensações e a do pensamento é de alcance decisivo para todo o pensamento filosófico dos gregos, não tanto, porém, na sua acepção psicológica no seu significado metafísico, epistemológico e ético. Em torno dessa distinção desencadeia-se a discussão acerca do valor dos sentidos e da razão, como meios de conhecimento. À base dela é construída a ontologia de Parmênides, com a total rejeição dos sentidos como meios de conhecimento correto, já que eles fornecem apenas "opiniões" relativas e duvidosas, visto se referirem ao mundo heraclitiano do eterno vir-a-ser. Já o pensamento não se refere ao devir – mera ilusão dos sentidos – mas ao *ser* eterno e invariável. E é ainda movido por essa distinção que Platão esboça a sua teoria das idéias, como sendo os únicos objetos dignos da razão e da filosofia, já que são invariáveis como deve ser a verdade. Neste antagonismo entre o "sensível" e a razão sobrevive, de forma velada, a velha oposição entre a alma mitológica das sombras e a alma "carnal" integrada na natureza.

1.1.4. *Os Sofistas*. Já então, na época dos Sofistas (450-350 a.C.) e de *Sócrates* (469-399 a.C.), o interesse cosmológico dos primeiros filósofos fora substituído pelo interesse antropológico. Um novo campo de indagação surgira – o estudo do homem. Anuncia-se um vivo interesse sociológico, ético e político pelo bem-estar do homem, interesse também de ordem psicológica e epistemológica pela competência da razão humana. Nota-se certa atitude cética quanto às afirmações dos fisicistas; as contradições, muito evidentes, revelavam que suas teorias eram antes produtos de pontos de vista pessoais que de uma fonte universal de verdade. A teoria heraclitiana do fluxo de todas as coisas encontrou apoio principalmente nos dados da consciência. Assim, a consciência individual parecia constituir a instância final, daí se concluindo não haver verdades objetivas, fixas, e sim apenas opiniões subjetivas, em constante mudança. Repentinamente, toda a realidade está em dependência do sujeito que ocupa o centro do Ser. A alma já não é uma coisa entre outras, mas a função que determina todas as coisas e que se opõe nitidamente ao mundo-ambiente.

Tais concepções decorrem de uma epistemologia sensacionista que os sofistas desenvolvem à base de observações psicológicas. *Protágoras* (480-410 a.C.) chega a afirmar que, dependendo como depende o conhecimento daquele que conhece, o homem necessariamente havia de ser a medida de todas as coisas. Pois que tudo se reduz a impressões subjetivas. O vento que a um pode parecer frio, a outro talvez pareça morno. Deste modo, afirmações contrárias referentes ao mesmo objeto podem ser, todas elas, igualmente verdadeiras.

Os sofistas são os primeiros pensadores a apresentarem um empirismo radical, lançando todo o acento sobre a experiência individual. Seu fracasso, inevitável naquela época, foi um dos mais fecundos na história da filosofia. Reconheceram a importância do sujeito cognitivo, destacando-o do mundo das coisas. Se, devido ao seu radicalismo, dissolveram o sujeito – que acabaram de cristalizar ao fazê-lo convergir da sua dispersão no universo das coisas –, entregando-o agora ao atomismo de impressões em constante fluxo, suscitaram de outro lado a procura de critérios capazes de garantirem o juízo verdadeiro e objetivo na multiplicidade das percepções e opiniões subjetivas.

1.1.5. *Sócrates*. Tal fato já se evidencia em Sócrates, no que se refere à esfera moral. Embora partindo do subjetivismo dos sofistas, buscou, no entanto, uma verdade além da opinião individual. Empregando o método dialético da discussão, visava a coligir um fundo de opiniões comumente aceitas, sobre as quais todos haviam de concordar, se devidamente indagados. Tal dialética é possível somente porque há, em última análise, um critério mercê do qual todas as opiniões podem ser aferidas. Esse critério fixo não pode vir das coisas fluidas, nem tampouco das sensações fugidias e instáveis, mas reside na razão idêntica em todos os sujeitos, base comum de todas as discussões. Mais de perto, o critério pressuposto é o conceito puro que se decanta cada vez mais no debate sem resultado: sem resultado porque a realidade confusa não corresponde à pureza do conceito, com o qual procuramos apreender a realidade sensível. Os conceitos a que Sócrates se refere são conceitos morais e a razão em que se apóia é a consciência moral. Sente-se encarregado de uma grande missão: realizar o serviço de parteira para trazer à luz os princípios morais inatos na razão prática.

Interessado apenas nos fenômenos morais, tenta estabelecer uma base ético-social para a verdade absoluta derivada da experiência interna. Tal experiência requer cuidadosa autocrítica e auto-análise, daí o lema: "Conhece-te a ti mesmo". Embora filósofo moral e não psicólogo, contribuiu marginalmente uma espécie de psicologia da vida moral, através da análise do impulso humano à felicidade e ao bem, o estudo das relações entre a razão e as paixões e a indagação acerca da motivação das ações humanas. Professa uma ética, segundo a qual a faculdade racional deve dirigir os desejos e paixões, sem suprimi-los, integrando-os na estrutura da personalidade. E deve-se atribuir a ele a primeira intuição da unidade que a consciência encontra na razão capaz de extrair das impressões subjetivas e passageiras conceitos válidos e intercambiáveis entre seres dotados de uma razão idêntica.

1.2. O Apogeu

1.2.1. *Platão* (427-347 a.C.). Também Platão subordina o pensamento psicológico a considerações de ordem metafísica, ética e mesmo política. Foi ele quem primeiro definiu com clareza a noção do ser imaterial constituído pelas idéias, objetos imutáveis dos conceitos abstratos. As idéias, formas absolutas que, longe de serem meros produtos da experiência dos sentidos, representam ao contrário a base do conhecimento objetivo e certo — as idéias constituem a realidade eterna do universo. Com relação às idéias, todos os objetos sensíveis nada são senão reflexos ou cópias imperfeitos, cuja realidade inferior — um mero devir, termo médio entre ser e nada — decorre da sua "participação" nas idéias.

A alma humana é constituída de três partes, assemelhando-se nisso à "alma universal" de que é um reflexo: a razão (com os sentidos), localizada na cabeça; a "bravura" (vontade, emoções mais elevadas), localizada no coração; e os apetites inferiores, localizados no ventre. A razão dirige e ordena, a vontade executa, freando os apetites. A inserção de uma terceira faculdade (a "bravura" ou vontade) entre as faculdades racional e "sensual" ou inferior, geralmente ligada aos sentidos, é de importância incalculável. Essa interpretação da alma foi de influência multissecular e mantém-se, de certa forma, até hoje (pensar, querer, sentir).

Durante muito tempo foi também tema de discussão o problema de quais as partes que sobrevivem: segundo o *Fedro*, toda a alma; segundo outras obras, somente a razão. Essa tripartição da alma repete-se nas três classes do Estado ideal: filósofos ou dirigentes; guerreiros ou executores; camponeses e as profissões artesanais e comerciais. A alma espelha assim a estrutura do Estado e do Universo (Idéias — Mundo sensível — Matéria).

Em vidas anteriores (segundo a concepção órfica), antes de encarnar-se e ficar presa na prisão do corpo, a alma conviveu com as idéias eternas. Ao ver, depois de encarnada, através dos sentidos, as imitações imperfeitas do mundo sensível, lembra-se das formas perfeitas (as universais da Idade Média) que lhe são *inatas (a priori)*, mercê da sua origem supranatural. A reminiscência das idéias ocorre de dois modos, pela semelhança ou pela contigüidade (associações). No que se refere à percepção, adota uma síntese de teorias fisiológicas tradicionais, atribuindo às sensações, com os sofistas, certeza apenas relativa. Ao contrário deles, porém, e de acordo com Sócrates, acredita encontrar, nos conceitos gerais (*universalias*) inatos (reminiscências das idéias metafísicas), uma fonte de verdades absolutas. As sensações apenas desencadeiam o processo de recordação que restabelece a pureza essencial dos arquétipos.

Platão já teve uma aguda visão do fato de que o homem não é um aglomerado mecânico constituído de partes desconexas, mas sim uma unidade orgânica e funcional, uma totalidade integradora que imprime lei e ordem ao caos das impressões. Nos seus diálogos há trechos que sugerem uma teoria bastante elaborada da vida emocional, dos prazeres, desejos e satisfações, assim como do prazer estético. Na sua *República* esboça uma psicologia educacional subordinada ao valor da justiça definida, no âmbito individual, como a harmonia entre os poderes da alma e, no âmbito social, como a harmonia das três classes. É digno de nota de que reconheceu o mecanismo da repressão dos impulsos "criminosos" que, entretanto, se manifestam no sonho (a parte animal da alma chega a querer abraçar, no sonho, "a própria mãe" — *República*, Livro IX).

A psicologia de Platão caracteriza-se pelo seu acentuado racionalismo que decorre de uma atitude valutativa em conexão com um sistema filosófico teleológico.

1.2.2. *Aristóteles* (384-322 a.C.). Mais sistemático do que Platão, o fundador da escola peripatética foi, além de filósofo, também cientista. Fez observações diretas embora, como cientista, fosse mais compilador e raciocinador. Sua psicologia associa-se intimamente aos seus estudos biológicos e foi de influência incalculável através da história do pensamento ocidental.

A alma é essencialmente parte da natureza. Esta é organizada numa escala evolutiva. As idéias de Platão já não pairam num mundo transcendente, separadas das coisas; transformadas em "formas", estão imanentes nas próprias coisas, plasmando a matéria no sentido de uma evolução ascendente. Cada camada de "matéria plasmada" torna-se base de formas de ordem superior. Assim, o mundo se organiza em degraus hierárquicos, em uma série universal, cujo ponto de partida é a "primeira matéria", ainda completamente informe (a mera potencialidade plasmável e, como tal, nada senão um conceito-limite) e cujo ponto de chegada é a forma pura (a pura atualidade) que é, neste sistema teleológico, ao mesmo tempo, o "primeiro movedor", causa final de todas as configurações naturais, a qual dá a todo o processo movimento e direção. Mercê de certos padrões inerentes a ela, a forma — princípio organizador também chamada enteléquia — dá configuração à matéria.

A alma é a enteléquia dos seres vivos. Aristóteles enumera *três níveis de desenvolvimento* da *psyche* (não, como Platão, três partes): *a alma vegetativa* (com as funções de alimentação e reprodução), alma já presente no nível das plantas; a *alma sensitiva* (funções de percepção e movimento), que se associa no animal à alma vegetativa; e a *alma racional* (pensante), que se associa no homem aos níveis inferiores. No homem dá-se o mais completo desenvolvimento das duas primeiras almas e só dele se pode dizer que possui a terceira, a racional.

O suporte imediato da alma é o pneuma como base do calor vital, que se transmite do pai ao filho; sede principal do calor vital é o coração, onde é preparado o sangue com as matérias alimentícias conduzidas pelas veias.

A percepção — atividade da alma sensitiva — é uma "modificação" que é provocada na alma por intermédio do corpo, mercê de movimentos causados pelo objeto percebido. Não se transmitem, porém, emanações materiais; é comunicado apenas a "forma" do objeto. A transmissão dos objetos ocorre por meio de um *medium* exterior, quer ar, água ou a carne do corpo (tato, sabor); a condição potencial da visão é o "diáfano" que, atualizado, é a luz. A transmissão interna do movimento até o coração se dá por meio do sangue e dos "espíritos animais" (pneuma, hálito, calor vital) através das veias. A teoria dos "espíritos vitais" ou "animais", do pneuma, já anterior a Aristóteles e por este elaborada, é de extrema difusão em toda a psicologia medieval e mesmo posterior.

As qualidades gerais das coisas, porém (tais como unidade, número, grandeza, forma, tempo, repouso, movimento), são conhecidas através do *sentido comum*, no qual se reúnem todas as impressões sensoriais. O órgão dessa faculdade é o coração. Essa função sintética tem a tarefa de comparar e discernir as sensações dos vários sentidos, de relacionar as imagens fornecidas com os objetos e de apresentar-nos as percepções *como as nossas*.

Quando o movimento provocado pelo objeto percebido se mantém no órgão de sentido além da duração da própria sensação, transmitindo-se ao sentido comum e produzindo aí um novo surgir da imagem sensível, então estamos diante de um ato da imaginação ou fantasia. Reconhecendo-se determinada imaginação como cópia de uma sensação anterior, ocorre a recordação. A memória localiza-se, portanto, igualmente no sentido comum.

Quando as sensações são encaradas sob o ponto de vista do bem ou do mal, surge um juízo de valor (não explicitamente reconhecido por Aristóteles) e falamos de prazer e desprazer, daí nascendo um impulso (apetite), quer para manter o estado de prazer, quer para afastar o estado de desprazer — ou, em geral, para atingir estados mais perfeitos (o impulso, apetite, é uma forma primária da conação, princípio geral da ação). Combinações ou modificações do agradável e desagradável produzem emoções de cólera, ódio, medo, coragem, inveja e alegria.

Todas essas funções fazem parte da alma animal (sensitiva). Somente no homem se acrescenta o espírito, a razão, a faculdade de pensar (*Nous*). Enquanto as duas almas inferiores nascem e perecem com o corpo, do qual são fins e forma plasmadora, a razão — ou parte dela — é preexistente e imperecível; entra, antes da concepção, de fora, dentro do germe psíquico e não tem órgão corporal; não é afetada por nenhuma modificação e não é sujeita ao ocaso do corpo. No entanto, tratando-se da razão de um indivíduo humano, ligada a uma alma sensitiva (e outra, vegetativa), forçosamente tem de sofrer certas influências. Neste ponto, Aristóteles introduz a inteligência passiva (potencial), razão inferior e perecível que é matéria ou potencialidade em relação à razão ativa, eterna, que é a sua forma e atualidade. Aquela, que abrange, no processo de pensamento, tudo que se liga às sensações, representações, imaginações, constitui o pensamento empírico, manipulando esse material e estabelecendo relações entre os dados dos sentidos já estruturados pelo sentido comum, elevando-os à unidade superior dos conceitos gerais ou *universalias*. A segunda, no entanto, a razão ativa, é fonte dos axiomas básicos que não derivam da abstração baseada nos dados fornecidos pelos sentidos. Em relação a esses supremos princípios do conhecimento, todos os conteúdos até aí elaborados se apresentam como matéria a ser organizada pela força plasmadora desses princípios. Nesta parte da teoria de Aristóteles há muitos momentos escuros, pontos de partida de discussões intermináveis durante a Idade Média.

A vida psíquica apresenta-se, portanto, como um processo que parte dos sentidos, num encadeamento de movimentos que de fora se propagam para dentro; movimentos transmitidos pelo pneuma até o sentido comum (coração), provocando novos movimentos que o pneuma transforma em atividade corporal, cujo centro é igualmente o coração. O movimento perpetua-se, assim, num processo de incitações emocionais, afetivas, de conação, de prazeres ou desprazeres, impulsos, ódios, alegrias. Numa fase mais elevada, já sujeita à intervenção da inteligência e da vontade consciente (impulso racional), o processo é submetido ao ato deliberado da escolha. Graças a essa intervenção, todo o movimento se dirige, afinal, para o bem. A mera ação transforma-se, então, em conduta (moral), caracterizada pela manutenção de um termo médio entre os extremos.

Nota-se, em suma, na psicologia de Aristóteles, a tentativa de superar o dualismo platônico entre as idéias inatas e os dados empíricos, entre a alma "divina" e o corpo material. Procura dar à psique o caráter de um princípio natural, segundo a tradição dos fisicistas gregos. Não chegou, todavia, a uma solução satisfatória, devido à introdução do *Nous* que ameaça, de novo, pela inserção do elemento transcendente, fragmentar a unidade substancial da personalidade humana. A noção da evolução de estados inferiores a superiores, de degrau em degrau, tende em todo o caso a atenuar o dualismo. E a atmosfera intermediária entre a mera "sensualidade" e a razão – termo médio descoberto por Platão no seu conceito do impulso audaz e nobre (vontade) – torna-se na psicologia aristotélica campo de rica elaboração descritiva.

De grande relevância é a teoria do sentido comum, apenas esboçada por Platão. A esse sentido, Aristóteles atribuía: *a*) a capacidade de discriminar e comparar os dados dos sentidos especializados; *b*) a percepção dos "sensíveis comuns"; *c*) a consciência das nossas experiências sensoriais, isto é, a capacidade pela qual não só percebemos, como ainda percebemos que percebemos; *d*) a faculdade da imaginação (reprodutora); *e*) a faculdade da memória (passiva) e da reminiscência (ativa); *f*) as inclinações de dormir e sonhar.

A lei fundamental da associação de experiências é para ele a contigüidade temporal, ainda que fale também das leis de semelhança e de contraste. Embora Platão já conheça a noção das leis de associação, é a Aristóteles que geralmente se atribui a descoberta dessas relações, mais de 2000 anos depois desenvolvidas por Hartley, Hume, os dois Mill, Spencer e outros.

A psicologia de Aristóteles constitui a súmula do pensamento grego, neste terreno. Embora contenha elementos científicos, subordina-se, em larga medida, à especulação racionalista e faz parte, essencialmente, de um pensamento filosófico caracterizado por interesses metafísicos, epistemológicos e ético-políticos.

1.3. O Declínio

O tipo parcialmente científico de investigação promovido por Aristóteles quase desapareceu durante o século subseqüente à sua morte. Os filósofos posteriores, tornados ecléticos, dependem em seus ensinamentos quase por inteiro das autoridades do passado e voltam-se, preponderantemente, para os problemas da ética e da busca da felicidade, supremo bem encarnado na figura do sábio. Tal declínio científico relaciona-se em larga medida com processos sociais e políticos. Numa época de profundas perturbações nacionais impõe-se o problema do bem-estar humano e a procura de novos ideais e novos padrões de conduta. Tanto os *Epicuristas* (de certo modo sucessores de Aristipo) quanto os *Estóicos* (sucessores dos Cínicos) se esforçam por apresentar sistemas práticos de ética, pelos quais o indivíduo pudesse alcançar um estado de paz e independência mentais, libertando-se dos conflitos do mundo. Surge o problema do "sentido de vida" — sintoma de que a vida perdera seu valor auto-evidente.

1.3.1. *Os Estóicos* (fundador: Zeno, aproximadamente 340-270 a.C.) procuravam principalmente um apoio firme para a vida moral. A virtude deve tornar o homem independente e feliz e a filosofia nada é senão o exercício da virtude. O valor do pensamento teórico depende da sua importância para a vida moral. Ser "sábio" e "virtuoso" é uma e a mesma coisa.

Os estóicos são panteístas e monistas. Toda a realidade é material. Essa realidade é impregnada e animada por uma espécie de *pneuma* fogoso (de materialidade mais sutil). O divino fogo cósmico é racional, é *logos* universal. Assim, o universo e todos os processos naturais são organizados segundo um plano racional, a natureza é um sistema teleológico. Todos os fenômenos são, em última análise, manifestações desse *logos* fogoso e criativo (Heráclito) que tudo predetermina.

A alma humana, material como tudo que é real, é parte do fogo divino. O calor psíquico alimenta-se de sangue e sua parte dominadora (razão) tem a sua sede no coração. Daí se estendem sete ramificações da alma para os órgãos correspondentes: os cinco sentidos e as faculdades de falar e procriar. A sede da personalidade, porém, situa-se na parte dominadora e unificadora, ou seja, a razão. Os estóicos, da mesma forma como pensadores anteriores, adotam como base física da psicologia a doutrina dos "espíritos" (pneuma), uma espécie de ar quente associado ao sangue. Esse pneuma é uno, em todas as manifestações, e determina, através da sua rarefação e densidade, diferenças de estados e de caráter.

Empiristas, os estóicos afirmam que todo o conhecimento tem por base a percepção dos fenômenos sensíveis. A alma, no momento do nascimento, é comparável a uma *tabula rasa*: todo o conteúdo é fornecido pelos sentidos. A imaginação (representação) é uma "impressão" das coisas na alma, segundo outros estóicos uma "modificação" da mente — termo mais adequado, já que se evita assim a idéia de uma impressão produzida na cera pelo carimbo ou seja a idéia da passividade total da alma. Observe-se que os estóicos consideram a mente como *ativa*; ela reage aos estímulos dos objetos e coopera na elaboração do material fornecido pelos dados. Da percepção derivam as recordações e dessas a nossa experiência geral. As percepções, quando representam corretamente o percebido, são acompanhadas da *consciência da evidência*; sentimo-nos então levados a dar-lhes nossa *aprovação*, o nosso *consentimento* — teoria de extrema importância nos séculos vindouros, já que estabelece, em termos nítidos, a atividade e a espontaneidade da mente. Tal percepção evidente capta o próprio objeto e a nossa aprovação transforma-a em *conceito* (o termo é de Zeno).

O homem, graças a sua parte racional, pode conhecer as leis naturais e, não podendo agir contra elas, pois tudo é predeterminado segundo uma necessidade teleológica, pode ao menos pôr-se de acordo com elas, seguindo-as conscientemente: nisso reside a sua liberdade. Essa é, como se disse mais tarde, a consciência da necessidade. Viver conscientemente segundo a natureza – que é *logos* ou pura *ratio* – nisso consiste a virtude. A virtude é, portanto, harmonia, concordância com o cosmos. Para isso é preciso não só dominar e moderar (como ensinaram Sócrates, Platão e Aristóteles), mas suprimir os afetos – os prazeres carnais, apetites, receios, preocupações. Assim, a vontade virtuosa implica uma luta com os apetites e impulsos, com as paixões e os desejos, como tais mórbidos e irracionais ou, melhor, atividades erradas ou patológicas da razão. Nessa luta intervém de novo o *consentimento*, como vontade racional. A meta suprema é, pois, a liberdade face aos afetos, ou seja, o exercício correto da razão que leva à *apatia*, à serenidade do sábio. Para tal é indispensável ter conhecimentos corretos em concordância com a essência racional da alma e de toda a natureza.

1.3.2. *Os Epicuristas* (fundador: Epicuro 341-270 a.C.) chegam a uma conclusão semelhante, embora partam de bases bem diversas, a saber do atomismo de Demócrito. Isso significa que qualquer plano teleológico da natureza é excluído; a natureza é um sistema mecânico, formado de átomos e do vácuo no qual os átomos estão em movimento de queda, devido ao seu peso. Ao contrário de Demócrito, porém, ensinam os epicuristas que há, nos átomos, em virtude de uma volição interna, um mínimo desvio arbitrário da linha vertical de queda. Tal desvio possibilita o *livre-arbítrio* da alma humana constituída de átomos especiais. O empirismo dos epicuristas é radical, já que todo o saber provém da emanação material dos objetos que bombardeiam os nossos sentidos com átomos. O critério da verdade é, teoricamente, a percepção, praticamente a emoção do prazer e desprazer. Das percepções originam-se os conceitos, visto que o repetidamente percebido se grava na memória. Uma vez que esses conceitos se referem a sensações anteriores, deve-se atribuir-lhes verdade. O erro só pode surgir nos juízos que ultrapassam as sensações, visando formar, a partir do conhecido, uma opinião acerca do desconhecido.

Tão radical como seu empirismo é o individualismo epicureu. Enquanto os estóicos encontraram na razão uma base de consentimento e aprovação comuns e coletivos, os epicuristas, fundamentando tudo no prazer – essencialmente subjetivo – chegam a conclusões anárquicas. Pois o critério do bem e do mal é a nossa emoção (*pathos*). O único bem absoluto é o prazer, o mal absoluto a dor. Mas a análise sutil das emoções – e nesse campo os epicuristas excelem – leva à conclusão de que o estado "positivo" é a dor, sendo o prazer apenas a ausência dela (opinião adotada por Schopenhauer).

O que se deve visar, portanto, é uma felicidade que impregne toda a nossa vida. Julgando-se daí os vários prazeres, verificar-se-á, mais uma vez, que o fim último não será um prazer positivo, sempre seguido de decepções e implicando a nossa dependência de determinados objetos de prazer, mas a ausência ou liberdade das paixões e dos sofrimentos. Não se procurará, portanto, emoções fortes, mas a serenidade e tranqüilidade da alma.

1.3.3. *Os Céticos* (fundador: Pyrrho, aproximadamente 360-270 a.C.). A conclusões semelhantes como os estóicos e epicuristas chegam os céticos. Negando a possibilidade do conhecimento, o sábio, indiferente em face de tudo, procurará de preferência atingir um estado de ânimo que lhe permita escapar às vicissitudes e perplexidades da vida. Assim, encontrará na absoluta tranqüilidade de espírito sua felicidade.

Se estóicos, epicuristas e céticos chegaram, no que se refere ao ideal do sábio, a idéias semelhantes; não se deve supor, todavia, que os pontos de partida inteiramente diversos não tenham influído fortemente nas suas atitudes, no seu etos e na sua conduta concreta.

1.3.4. *Conclusão.* Na psicologia grega, como na sua filosofia, encontramos a primeira tentativa para explicar a natureza dentro da natureza, sem referência a agentes míticos, externos. Surge com os gregos também o método científico: se há uma substância fundamental, da qual provém todas as coisas, como então pode haver algo mais que precisamente essa substância? É o problema da análise de que surgiram teorias como o atomismo científico e o evolucionismo de Aristóteles. Tudo havia de ser síntese do movimento dos átomos no espaço (ou uma evolução teleológica) o que, na psicologia, resultaria na teoria dos elementos mentais e na procura de um "espaço" mental, dentro do qual se realizaria o processo da integração (síntese) mental. Com a fantástica numerologia dos pitagóricos prepara-se o caminho da matemática, que iria desempenhar papel tão importante nas ciências. Nasce com os gregos também o problema da lei científica, escuramente esboçado. Heráclito, por exemplo, notara que o mundo, embora em constante fluxo, consistia, no entanto, em mudanças submetidas a regularidades. Foram também os gregos que formularam pela primeira vez as leis de associação, o problema das categorias inatas e auto-evidentes, bem como as funções fundamentais da vida psíquica; o pensamento platônico-aristotélico das "camadas psíquicas" repete-se na psicologia moderna, por exemplo, na teoria de Rothacker (*As Camadas da Personalidade*, Bonn, 1948).

2. A ÉPOCA HELÊNICO-ROMANA DE TRANSIÇÃO

Embora o estoicismo e o epicurismo já façam parte do período propriamente helênico, é o fervor e anseio religiosos que, neste nexo, justificam considerar esta época como uma configuração histórica peculiar de transição entre a Antigüidade e a Idade Cristã. Em íntima correlação com processos político-sociais, em tremenda efervescência, declara-se por fim abertamente o abalo irremediável dos valores antigos. Concomitantemente, as doutrinas místicas do Oriente começam a penetrar o mundo ocidental, por efeito das invasões da Ásia e África, primeiramente por Alexandre, depois pelos romanos.

O profundo ceticismo nas possibilidades do conhecimento racional, tão característico dos últimos períodos da filosofia grega, abre caminho para as virtudes da fé. Assim mesmo, continua imenso o prestígio da filosofia grega. Confrontam-se, portanto, nos inícios da era cristã, uma filosofia que se torna religiosa, e um fervor religioso que busca explicações na filosofia.

O cristianismo, num mundo ainda tão fortemente imbuído do pensamento grego, forçosamente havia de procurar justificativas racionais, mostrando quão intimamente concordava com vários aspectos da filosofia grega. O próprio pensamento grego, afinal, não desconhecia o misticismo órfico de Pitágoras e Platão. Assim, ofereciam-se amplas possibilidades de contato com o judaísmo e o cristianismo.

2.1. *O Sincretismo*. Pensador típico desta época é Filão de Alexandria (nasc. 25 a.C.), que apresenta uma obra teosófica na base da religião judaica, mas influenciada profundamente pela tradição platônica, pitagórica e estóica. Adota do pensamento órfico idéias como a queda das almas, a sobrevivência desencarnada das almas purificadas após a morte; baseado no judaísmo, acentua a *analogia entis*, isto é, a alma humana é feita à semelhança de Deus. Dos estóicos aceita a divisão da alma "irracional" em sete partes: os cinco sentidos, as faculdades de falar e procriar. A essa alma superpõe-se a alma racional.

A condenação da alma irracional, da "carne" e das paixões, é severa e tem um fervor até então desconhecido. Os sentidos, já desprezados, embora com certa serenidade, por Parmênides e Platão, se tornam agora quase diabólicos: são passivos, inferiores; não fornecem conhecimentos; acima de tudo fazem parte daquela "carne" que é o nosso fardo e que pode tornar-se a causa da nossa ruína total. No entanto, como instrumentos, os sentidos podem estar a serviço da alma racional. Essencialmente, porém, o corpo – e com ele os sentidos – é o túmulo da alma de que somente a morte a liberta. Renunciar à sensualidade e extirpar os afetos é por isso imperativo supremo.

Mas em lugar da confiança dos estóicos na própria razão, prevalece no pensamento de Filão – e no da época – o enaltecimento da fé na Divindade. A suprema felicidade é alcançada pelo homem quando, ultrapassando o próprio *logos*, recebe com completa passividade a iluminação divina, num estado de inconsciência e êxtase. Essa aspiração de ultrapassar o pensamento consciente é tão alheia aos gregos da época clássica como a idéia de que o homem é, essencialmente, veículo de uma consciência supranatural. Um forte ceticismo, no que se refere aos conhecimentos adquiridos pelas formas empíricas do saber, alia-se a uma fé absoluta nas formas místicas de conhecimento. Esse conhecimento é acessível somente quando os sentidos se mantêm, por assim dizer, fechados.

De uma forma geral, a associação entre filosofia grega e religião oriental se manifesta num predomínio de elucubrações teosóficas ou gnósticas como as dos filósofos judaico-gregos

(Alexandria), dos neopitagóricos, dos platônicos pitagorizantes e, enfim, dos neoplatônicos, entre os quais o maior vulto é Plotino. Trata-se de um gigantesco processo de sincretismo, cuja especulação se distingue pelo dualismo entre a esfera divina e a esfera terrena, o conceito abstrato de Deus que exclui o conhecimento racional da essência divina, o desprezo do mundo empírico, a adoção de forças intermediárias (anjos) que canalizam as energias divinas para o mundo empírico, a tendência de enaltecer a libertação do espírito de todas as amarras carnais e, finalmente, a fé numa revelação mais alta num estado de entusiasmo ("estar em Deus").

2.2. *Plotino (203-269)* é a máxima expressão filosófica dessa época, figura central do neoplatonismo que exerceu tremenda influência sobre o pensamento medieval e posterior.

O sistema de Plotino tem o seu ponto de partida, como o de Filão, na idéia da Divindade e seu ponto de chegada na ulterior reunião com Deus. Entre esses pólos (partida e chegada) encontra-se tudo que é ensinado de um lado sobre a "saída" (do ser secundário) da Divindade e sobre o retorno desse ser inferior à unidade divina. O Divino situa-se ainda acima das idéias de Platão; é de tal plenitude que transborda e se manifesta através de emanações que, em escala descendente, constituem o mundo da natureza. O primeiro produto de "saída" é o *Nus*, o Pensar, que se desdobra nas *idéias* eternas (platônicas), concebidas também como "espírito" ou forças dinâmicas. Da perfeição do *Nus* emana a Alma (sobrenatural, cósmica), já nos limites entre os mundos sobrenatural e natural: essa irradia uma segunda alma: a natureza etc. A última emanação é a matéria, já muito distante da Divindade e por isso causa do mal.

A alma (e as almas) representa o agente intermediário entre o mundo inteligível e o mundo sensível. É uma substância imperecível, *imaterial*; não é um corpo, nem tampouco a harmonia (Pitágoras) ou enteléquia (Aristóteles) do corpo, visto que não só o *Nous*, mas ainda a memória e mesmo as faculdades de percepção podem ser separadas do corpo perecível. A alma penetra o corpo como o fogo e o ar. Melhor se diria que o corpo se encontra dentro da alma do que esta dentro do corpo. Assim sendo, há "partes" da alma (expressão inadequada por que a alma é *una*) que não são ocupadas pelo corpo e que, por assim dizer, o envolvem. Mesmo a faculdade de percepção não tem a sua sede no corpo, nem nas várias partes do mesmo, nem mesmo nele como um todo; tais faculdades estão nele presentes apenas de modo a poderem fornecer a cada órgão de sentido a energia necessária para que possa exercer a sua função. Assim, a alma está presente, totalmente, em todas as partes do corpo, sem fragmentar-se nas várias partes do mesmo.

Plotino rejeita vigorosamente as teorias antigas do pneuma. Sendo imaterial e por assim dizer um invólucro do corpo, a alma não se mistura realmente com este, mas "mora ao seu lado", numa relação de cooperação. O contato entre corpo e alma, esse sim se realiza pelo elemento intermediário de um pneuma etéreo de que a alma se cobre antes de ligar-se ao corpo (idéias mantidas, até certo ponto, na moderna teosofia e antroposofia).

A sensação, para Plotino, é a recepção de formas na matéria corporal que acompanha a alma. Através desse processo, a alma tem à sua disposição essas formas sensíveis, condição para adquirir conhecimentos acerca das coisas materiais, mas não conhecimento em si, pois esse é sempre uma *atividade* da alma. Os sentidos são apenas órgãos de transmissão. A percepção como tal só se dá mercê da atividade da alma. Na teoria da espontaneidade da alma, Plotino vai até ao ponto de negar que a memória é a recordação de impressões fornecidas pelos sentidos. Já na própria sensação o elemento cognitivo de percepção se deve inteiramente à atividade psíquica; portanto, aquilo que permanece quando o objeto desaparece, é apenas o fato de a alma ter atuado de certa forma. De acordo com isso, a memória nada é senão a faculdade da alma de conhecer as suas atividades anteriores; ela não é, de modo algum, o pós-efeito de *sensações* anteriores, mas de *atividades* anteriores. Assim, a memória é simplesmente *consciência vista em extensão: autoconsciência dilatada* em séries de tempo. Toda consciência, enfim, é autoconsciência; é o "ego" que produz a *unidade* da alma e unidade é a essência da consciência. Tal unidade de consciência é destacada por Plotino com um vigor inteiramente novo.

A alma tem três formas principais de atividade: pela primeira (em que se dirige para o interior) ela exerce as funções que não envolvem a razão (isto é, sensação e nutrição); pela segunda (em que se dirige para seu próprio íntimo), ela produz o pensamento discursivo (memória, abstração e as formas inferiores de vontade e amor); pela terceira (em que se eleva acima de si) ela estabelece a unidade com o Divino nas formas do pensamento puro, da vontade e do amor. Na contemplação mística do eterno, a alma repousa, una com o Uno supremo, e já não se move e agita como no estado de reflexão em que ela se desdobra em sujeito e objeto. Essa completa *unio mystica* é, em essência, um estado de êxtase contemplativa. A alma retorna ao mundo sobrenatural que é a sua pátria verdadeira.

Retorna como hão de retornar todas as coisas emanadas da entidade suprema.

2.3. *Os inícios do cristianismo.* O sincretismo apresenta-se, por parte de judeus e cristãos, como uma interpretação alegórica das Sagradas Escrituras segundo conceitos da filosofia grega; o homem (Adão) é um ser *formado* de *pó* (forma e matéria na conceituação grega) e dotado de *alento, sopro divino* (pneuma); do lado grego, o sincretismo resulta em pensamento que aceita o ser divino e uno como entidade superior ao *Nous*, ao *logos* e às idéias platônicas que já se apresentam como uma emanação daquela divindade não compreensível no ato do mero conhecimento racional, mas apenas no estado de êxtase (Plotino), que no cristianismo se transforma em estado de graça.

No pensamento de *São Paulo*, no entanto, encontram-se as raízes de um dualismo até então não desenvolvido nesta forma: São Paulo atribui ao homem natural (carnal) todas as faculdades psíquicas dos gregos − pensamento, desejo, impulso, sensações etc. Todas essas faculdades, porém, permanecem terrenas e naturais; não se afiguram *espirituais*. O homem se divide em ser natural e espiritual; aquele dotado das três almas de Platão e Aristóteles, consideradas mortais; este constituído pela alma imortal (até certo ponto comparável à inteligência ativa de Aristóteles), o espírito, o pneuma. Há uma oposição entre psique e pneuma que nesta forma não é inerente ao pensamento grego.

É o espírito, o elemento divino, que eleva o homem às proximidades de Deus, não pelo conhecimento, mas pela natureza moral do homem, pela pureza, que é uma dádiva da graça divina. O espírito, portanto, já não é o princípio grego da alma ou enteléquia que forma o corpo e que é essencialmente *princípio natural*, segundo as teorias físicas dos gregos. É agora um princípio sobrenatural que possibilita a união mística com Deus, através da fé e do amor. O amor, superior ainda à fé, pois é a atuação dela, eleva-se muito acima do pensamento puro e cabe-lhe lugar especial na enumeração dos poderes da alma. Este ponto de vista se mantém, apesar de muitas oscilações, por toda a Idade Média e é de grande importância, pois que o amor se revela um fenômeno psíquico novo, misto de intelecto e vontade, sendo na verdade nem isso, nem aquilo, mas o que se poderia chamar um sentimento.

3. O PENSAMENTO PSICOLÓGICO DOS FILÓSOFOS CRISTÃOS

3.1. Sto. Agostinho

Aos poucos a Igreja se levantou contra as teorias gnósticas e teosóficas já abordadas. Embora até certo ponto afins ao cristianismo e representando importante movimento de transição entre o pensamento grego e as concepções cristãs, afiguravam-se capazes de encorajar a idéia de que a salvação poderia ser obtida pelo desenvolvimento gradual e autônomo do indivíduo, sem necessidade da fé em Cristo. Contra essa tendência platônica, os padres e concílios levantam a doutrina da fé defendida por São Paulo. Para conhecer é necessário ter, antes de tudo, fé (mais tarde essa tese é expressa pela fórmula: *Credo ut intelligam*). Daí resulta a análise da experiência religiosa, análise que, nas mãos de Sto. Agostinho e de outros autores, se torna uma afirmação bastante completa do que se poderia considerar como a natureza essencial desse aspecto da vida psíquica.

Traço característico da psicologia cristã, frente à grega, é a insistência com que é afirmada a peculiaridade da *alma pessoal* do homem, conseqüência lógica do Deus pessoal a cuja imagem foi feito o ser humano. Para a filosofia antiga, a alma foi, de um modo geral, uma "coisa", um fenômeno impessoal, um fator natural, sempre estreitamente ligado à vida orgânica de que é a forma inerente. A alma solitária em face de Deus, o Eu em face do Tu, a personalidade ansiosa de salvação, são idéias de certo modo alheias ou não familiares ao espírito antigo. A isso se associa uma aguda intuição dos fenômenos da consciência e autoconsciência pessoal, descritos com acribia insuperável por Agostinho que, a esse respeito, antecipa certas análises da moderna fenomenologia.

Deixando de lado a revelação, fonte das verdades propriamente teológicas, a base segura de todos os conhecimentos é, para Sto. Agostinho (354-430), a consciência dos nossos próprios estados internos. A consciência de que sentimos, queremos, pensamos (e nisso ele antecipa o *cogito ergo sum* de Descartes) é uma certeza que exclui todas as dúvidas. Tal verdade, que nos é dada de modo irrefutável, prova que há uma verdade absoluta, ou seja Deus. Diante disso, a convicção da existência do mundo dos fenômenos externos é baseada somente na fé.

Tal concepção implica, como método de conhecimento, a minuciosa observação introspectiva, a análise da experiência interna, levada por Sto. Agostinho a um clímax de perfeição por exemplo na sua teoria do tempo, o qual é concebido como vivência subjetiva e relativa, como sucessão das nossas próprias experiências psíquicas, como *distentio animi*, sendo o passado a presença das coisas recordadas e o futuro a presença das coisas esperadas.

A alma do homem é concebida em analogia com a Trindade divina, como memória, inteligência e vontade. Ela está presente em todo o corpo, sendo inteira em todas as partes do mesmo. Memória, inteligência e vontade têm o caráter de "intencionalidade" (teoria renovada pela fenomenologia atual), isto é, visam sempre a determinados conteúdos em estados correspondentes a esses conteúdos (reminiscências, conceitos, fins), podendo também debruçar-se sobre si mesmas: a inteligência conhecendo-se a si mesma, a memória lembrando-se de que possuímos u'a memória e a vontade livre fazendo uso ou não do livre--arbítrio (que, por sua vez, no entanto, resulta de um ato da graça divina).

O corpo humano depende da alma e suas funções vegetativas não são possíveis sem ela. O corpo tem importância apenas como veículo de sensações e é administrado pela alma. Não há substância intermediária (Plotino) entre corpo e alma. No entanto, os elementos mais sutis, como ar e luz, são aparentados com ela e é através deles que a vontade dirige o corpo, servindo como vias tanto das sensações de fora como dos estímulos internos os nervos cheios de ar (distribuído também pelas veias). A alma atua sobre o corpo em particular a partir do cérebro: a parte anterior do mesmo é o centro dos nervos, o posterior o centro motriz e a intermediária, o da aprendizagem.

Na psicologia de Sto. Agostinho a vontade desempenha o papel mais decisivo. Nenhuma percepção é possível sem o ato volitivo da atenção. Sem ela, os efeitos dos agentes externos permanecem apenas latentes. O mais simples ato de apreensão exige, pois, certa intervenção da vontade, exige, mais de perto, que a mente tenha consciência de si mesma (memória), esteja consciente de muitos objetos possíveis da atenção (inteligência) e *selecione* um dos objetos em que se concentra (vontade). A vontade sobrepõe-se também ao ato da fé que, no sentido mais geral, é o *consentimento* em favor de um pensamento. Assim ela precede todo juízo como afirmação ou negação. A vontade, enfim, é o centro da personalidade espiritual do homem e esse é, em essência, vontade. As memórias só surgem, quando a mente cogita sobre elas. As mais facilmente lembradas são as daquelas experiências, às quais se prestou atenção mais ativa na ocasião original. Ainda neste caso, a vontade é predominante.

Sto. Agostinho parece compreender que a vontade é realmente a função da natureza total do homem e depende, em última análise, dessa natureza. A vontade exprime o que somos e não podemos querer ser o que não somos. O fator essencial da vida moral é a *"boa vontade"* — fórmula adotada por Kant. Todo o progresso moral depende dela e se um homem não a tem, não lhe é dado nem mesmo alcançar o começo desse desenvolvimento. A reforma íntima só é possível pela transformação total da natureza, através de um ato de graça. É o problema do pecado original ou, em termos modernos, da hereditariedade. Sto. Agostinho vê com clareza que as ações procedem do caráter e que as diferenças de caráter são mistério final e indissolúvel.

O mal, para Sto. Agostinho, não consiste propriamente nos desejos, apetites e paixões inferiores, pois o inferior como tal não é mau. O mal reside na vontade que *escolhe* o inferior em detrimento do superior — teoria adotada por Max Scheler. A causa do mal é a vontade que, desviando-se do superior, se liga ao inferior por um ato de soberba semelhante ao dos anjos caídos que abandonaram Deus para enaltecer o próprio eu. Resulta o mau, portanto, da adoção consciente do inferior (que em si não é mau), ato que, segundo os estóicos, é chamado "consentimento".

É acentuada a "simplicidade" da alma: ela é *una*, não só unidade de várias partes. O que se especifica como partes, são apenas diversas funções. Por vezes, Agostinho distingue como funções a nutritiva, a sensitiva e a cognitiva (como Aristóteles), por vezes a acima mencionada, de preferência, porém, a inteligência, que inclui sensações, pensamento, memória, imaginação, é a Vontade ou o Amor. As análises da memória são magistrais e levam à elaboração de certas leis, tais como as da força das impressões, repetição, ordem e, antes de tudo, da aplicação da vontade ou atenção. São reconhecidos os princípios da associação.

A alma do homem é imortal, pois como razão ela é verdade e essa não é sujeita à mudança e corrupção; sendo ela constitutiva do tempo, ela mesma permanece fora do tempo: a própria mudança é uma categoria da razão. A vida da alma é um progresso dirigido para Deus. Alcançando seu grau mais elevado, ela obtém a plena visão da verdade divina, no estado místico do êxtase, descrito nas *Confissões* com um poder verbal insuperável.

3.2. Tópicos Psicológicos Fundamentais da Escolástica

O pensamento filosófico (e psicológico) estava ligado, no período da gênese dos dogmas cristãos ou dos patriarcas — cuja maior figura é Sto. Agostinho —, de forma muito íntima à teologia, colaborando na elaboração dos dogmas. Trata-se de uma unidade indissolúvel. Na época escolástica, o pensamento filosófico, já mais nitidamente definido como tal, está *a serviço* da teologia, com o fito de formular em termos racionais o conteúdo dos dogmas, então na essência já assentados, ordenando-o logicamente e dando-lhe maior estrutura científica mercê do recurso às doutrinas filosóficas da antigüidade grega.

De um modo geral se pode dizer que o período dos patriarcas é ainda eminentemente criador e seus representantes interpretam com certa liberdade a Velho e o Novo Testamento, baseados muitas vezes nas próprias vivências. O método escolástico diferencia-se deste procedimento. Os filósofos em geral já não estudam o próprio homem, mas as teorias que lhes vêm dos grandes mestres. O seu objeto primeiro é defender ou criticar teses ou sistemas e nisso desenvolvem uma sutileza sem par. Discutem, portanto, teorias com a autoridade de dogmas, em vez de elaborarem novas hipóteses e observarem os dados reais. Ainda assim, os escolásticos apresentam uma surpreendente riqueza na análise de problemas lógicos, epistemológicos, ontológicos e éticos, dos quais alguns têm, até hoje, a mesma atualidade de antes. Devido ao seu método, no entanto, é pequena a sua contribuição para o campo das ciências positivas, entre as quais se conta a psicologia.

Noções anatômicas e fisiológicas. Assim como para se compreender a psicologia moderna é preciso que não percamos de vista o progresso científico que a precedeu, para ter uma justa idéia da psicologia medieval convém saber que noções correntes havia naquela época sobre fisiologia e anatomia.

Havia-se herdado duas exposições diferentes do corpo humano. Uma, do *Timeu* e de outras obras de Platão, outra de *Galeno* (129-199), com a sua teoria dos quatro elementos que determinam os temperamentos (13 tipos depois reduzidos a 4) segundo a preponderância de um dos humores (misturas específicas dos elementos) quais sejam sangue, bílis negra, bílis amarela etc., e com a sua aceitação da teoria dos "espíritos" (*pneuma*). De qualquer modo, a influência de Galeno, com a ênfase dada por ele à estreita inter-relação entre corpo e alma, não é, de modo algum, negativa. Depois de Galeno, nada mais se descobrira de verdadeiramente importante.

Nos esquemas de Platão, os estados psicofísicos estavam localizados no corpo como um todo: o desejo, no fígado; a coragem — os afetos positivos — no coração; a razão, na cabeça. Com o progresso do conhecimento sobre o sistema nervoso, esse plano foi até certo ponto abandonado. Em seu lugar adota-se a distinção fisiológica dos "espíritos" (*pneumata*) que são produzidos nos órgãos digestivos, aquecidos pelo calor do coração, chegando à cabeça em condição muito melhorada. Como a grande maioria, depois de Galeno, não se opõe à alegação de que o cérebro é a sede da mente, chega-se a localizar aí as várias faculdades da mente.

Convém salientar que há considerável diferença entre a alegação de que o cérebro contém uma espécie de "espíritos" e a asserção sobre as distintas áreas dentro do cérebro e sua relação com funções distintas da alma. Determinaram-se, em virtude de observações diretas e cuidadosas, importantes aspectos da patologia mental, travando-se conhecimento com o fato de que as moléstias mentais estavam condicionadas por lesões no cérebro. Foi descrito como o crânio pode ser aberto e o cérebro exposto. Mencionam-se as várias cavidades nas quais se encontra o pneuma. Três são as atividades do pneuma psíquico: representação, pensamento e memória, localizadas respectivamente na cavidade anterior, média e posterior.

O termo "espírito". Para qualquer um de nós, hoje, essa palavra significa o oposto de "matéria". Mas, durante a Idade Média, *spiritus* quer dizer pneuma e pode significar, entre outras coisas, a base material da vida. Pneuma, da mesma forma como *psyche*, significa em grego hálito, alento de vida, também fogo etéreo, força vital. Segundo Aristóteles, a atividade psíquica é ligada ao calor vital misturado ao sangue como alento, pneuma. Entre os estóicos, nisso adeptos de Heráclito, pneuma é o fogo etéreo, o hálito quente, a força divina, universal que impregna o mundo, sendo também o princípio vital das coisas individuais. Ainda os epicuristas consideram a alma como hálito fogoso, etéreo, semelhante ao ar. No Velho Testamento, esse hálito divino da vida é insuflado a Adão. No cristianismo é o Espírito Santo, a terceira pessoa da Trindade, que é chamada "Pneuma Hágion". Nota-se, portanto, um oscilar entre concepções que consideram o pneuma como "coisa" e outras que o tomam por algo de pessoal. O pneuma pode ser derramado como um fluido que se alastra, pode ser transmitido por passes de mão. São Paulo o considera como a energia do mundo futuro, antagônica à "carne" que caracteriza o mundo terreno.

À ambigüidade do termo facilita a elaboração de concepções que definem o *spiritus* ou os *spiritus* como base material da vida. Esse *spiritus* desdobra-se em *spiritus vitalis*, que significa os espíritos produzidos pelo alimento em geral; *spiritus spiritualis*, significando mais de perto o hálito, enquanto o *spiritus animalis* quer dizer *anima*, sendo a mais alta substância vital pela qual o homem é "animado". "Espíritos animais" (ainda postulados por Descartes) são, portanto, naquele período, os espíritos humanos específicos e a base indispensável das sensações e dos pensamentos.

A Percepção. Tratavam-se os problemas da percepção sensorial sob a forma de discussão da natureza das "espécies" (*species*), ou seja, formas, idéias, essências das coisas. Em cada percepção há uma relação efetiva que se estabelece entre objeto e sujeito. Aristóteles havia dito que os sentidos recebem a forma (*species*) de um objeto, sem a matéria. Os atomistas tinham explicado a parte física desse processo, como a emissão de espécies ou imagens pelos objetos e a transferência dessas imagens de fora para dentro da mente, por canais cheios de "espíritos". A dificuldade foi a de entender como um movimento externo ou de "espíritos" — processo espacial — se transforma em processo espiritual, de consciência. Aquilo que os autores medievais contribuíram à guisa de solução para os problemas inerentes foi: 1) a compreensão crescente do fato de que a nada se pode chegar, se se trata o físico e o psíquico como duas séries de fatos desconexos; 2) a tentativa honesta de analisar o processo de apreensão dos sentidos. Parecia-lhes que a alma precisa tornar-se igual àquilo que ela percebe. Trata-se, portanto, de um processo de assimilação que torna a alma igual ao objeto (mas igual só na "intenção"). Visto que o objeto é espacialmente distinto do sujeito, distinguia-se três fases: *a*) a ação do objeto; *b*) a transmissão da ação; *c*) a recepção da atividade. Tais passos do processo eram designados como *a*) *species* impressa; *b*) *species in media; c*) *species* expressa. Em outras palavras: o objeto externo faz a alma produzir um objeto interno e dizemos que apreendemos quando conhecemos este objeto interno.

Razão e Vontade. No domínio dos sentidos interiores (memória, imaginação, julgamento) a tradição em geral é aceita sem grandes divergências. Os tópicos mais importantes são os da razão e da vontade. A Idade Média continuamente explora e expõe teorias da razão, já que Aristóteles não fora muito explícito. Os fatores teológicos ajudam a fazer da razão a marca da superioridade do homem sobre os animais e a considerá-la, em certo sentido, como super-humana. Para evitar qualquer sugestão de um panteísmo herético, o intelecto é concebido como imanente ao homem, não como poder transcendente, divino. Ainda que esse desenvolvimento oblitere a doutrina de que uma luz super-humana brilha na escuridão da razão humana, o ponto de vista de Aristóteles não é esquecido de todo. Sobre esta questão trava-se ampla e sutil discussão, com resultados muita vezes divergentes.

Outro tópico importante é o da relação entre intelecto e vontade. Trata-se de verificar se a vontade depende do intelecto para conhecer a finalidade da ação ou se é a vontade que realmente apreende, corretamente, o possível objetivo. Essa questão origina-se da fórmula agustiniana: "Tenhas fé (ato de vontade) para que possa compreender!" Os intelectualistas afirmam a precedência da razão, declarando que é preciso conhecer o alvo para visá-lo. Os voluntaristas, porém, invertem o problema, usando o termo vontade em dois sentidos; num, é mero poder de escolha (*electio*) que pressupõe o conhecimento das alternativas. Noutro, é a tendência integral de caráter que tinge a própria perspectiva intelectual. Tal concepção era profunda e levou os intelectualistas a conceber, em geral, intelecto e vontade como uma só coisa inseparável.

A "Consciência". Era natural que uma era predominantemente teológica dedicasse muita atenção à consciência. A idéia de um julgamento interno ou convicção interna, pessoal, teve origem na consciência reflexiva dos estóicos, no consentimento,

37

na *conscientia* de Cícero. Em linguagem correntia, tal convicção ou con-ciência é simplesmente o senso do certo ou errado a respeito dos juízos e era esse o conceito que persistia durante a Idade Média sob o nome latino de *conscientia*. No entanto, mais interessada no pecado do que no erro, a filosofia medieval formou um corpo de doutrinas sobre uma faculdade chamada *synderesis (scinderesis, synteresis)*, significando uma "chispa de convicção" no peito de Adão, a qual, mesmo após a sua expulsão do Paraíso, não se extinguiu. Desde então, a palavra se tornou um termo técnico para designar a consciência do pecado (a consciência moral), bem diverso do mero senso do erro intelectual. Confluíam, no termo, dois sentidos: a apreensão intuitiva dos mais elevados princípios na esfera da razão prática e o poder de aplicar esses princípios a casos particulares. Em torno desse tópico iniciou-se uma longa disputa acerca dos sentimentos morais. Alberto Magno sugere tratar-se, antes, de uma questão da vontade que do intelecto e ainda Kant aborda o problema na sua *Crítica da Razão Prática*.

Um problema mais de perto psicológico é o da autoconsciência: conhece a alma a si mesma? Há uma atividade fundamental da alma, que é distinta da mera seqüência de seus estados? Se ela for apenas a seqüência de estados (à maneira sofística), a alma se reduz a um mero conhecimento de coisas, não passando de um espelho da natureza. Em tal caso, os reflexos são perecíveis como aquilo que é refletido. O problema, em termos modernos, é se a consciência e seus conteúdos devem ser considerados como idênticos. Surge aí a intuição de um problema posterior: pode uma série de impressões conhecer-se a si mesma?

A Unidade da Alma. Em geral considera-se a alma, à maneira aristotélica, como forma (enteléquia) do organismo. Mas a forma presume-se seja uma entidade auto-subsistente, devido à confusão que mistura a "idéia" (transcendente e independente) de Platão e a "forma" (imanente) de Aristóteles. O método de Aristóteles o levou a classificar as atividades do organismo sob três títulos principais — as vegetativas, sensitivas e racionais. Surgiu daí uma dúvida entre os escolásticos sobre se pode haver atividades definidas sem agentes definidos ou, em outras palavras, se não se deveria chamar a esses três tipos de função de três almas, o que significaria que o homem é constituído de três formas. No decurso do tempo, a doutrina da unidade venceu gradualmente as doutrinas contrárias. Mas, em sua essência, o problema se mantém até os tempos modernos, em parte representado pelo conceito dos centros reflexos subordinados, em parte, pela doutrina das "personalidades" dissociadas. Depreende-se daquilo que os autores medievais dizem do assunto que eles viam, pelo menos vagamente, a dificuldade de compreender em uma só fórmula a unidade da consciência e a variedade de funções orgânicas — cerebrais e reflexas, conscientes e automáticas.

O Problema dos Universais. O problema dos universais (da realidade do ser específico dos conceitos ou "idéias") é, na filosofia, até hoje de certa relevância ontológica e epistemológica. Neste sentido, foi assunto de discussão durante grande parte da Idade Média. No entanto, há neste problema também implicações psicológicas, embora encobertas, que na discussão medieval não foram metodicamente isoladas. Os "realistas", ao manterem a tese platônica do ser real e independente das idéias (objetos dos conceitos) ou mesmo dos próprios conceitos (universais), não podiam esquivar-se de abordar a relação entre os universais e a mente; e os nominalistas, ao reduzirem os universais a um mero resultado da elaboração mental, teriam que explicar ao menos como a mente abstrai o conceito abstrato do fenômeno particular.

No contexto dessa questão surge o problema: a alma será apenas uma denominação para um grupo de funções ou algo além e acima dessas funções — uma substância que mantém ou apóia aquelas atividades? Os nominalistas, evidentemente, tendem à posição de que o termo "alma" nada é senão um nome para a totalidade das funções, embora não cheguem ao extremo de considerá-lo um mero "som" sem significado algum. Os realistas seguem outro caminho: há um mundo de idéias com o qual a alma comunga, por direito, da sua própria natureza; separada dos sentidos e desligada do corpo, ela pode confrontar as idéias e participar da presença de Deus. Um fundo golfo separa estes dois pontos de vista, destinado a ampliar-se cada vez mais, pois que os nominalistas, de modo crescente, se ocuparam da análise e dos dados sensíveis, tornando-se os predecessores do empirismo, ao passo que os realistas desenvolveram uma psicologia de preferência racionalista, acentuando a introspecção. Segundo os realistas, a razão tem a intuição da verdade, desenvolvendo as suas noções inatas. Já os nominalistas salientam que os sentidos são a fonte de conhecimento (visto admitirem somente a realidade de seres individuais, particulares e concretos); assim tendem a considerar a razão apenas como ápice da atividade sensorial. Aqueles não chegam às coisas e estes vêem-se ameaçados de perder o contato com o mundo supra-sensível, de um lado, e com as categorias aprioristicas, de outro lado: problema que séculos mais tarde iria tornar-se objeto fundamental da indagação de Kant.

3.3. A Influência Árabe

É mais ou menos a partir do século XI que, por intermédio dos árabes (e em escala menor dos judeus), a Europa cristã chegou a um conhecimento mais exato de muitas obras aristotélicas até então pouco conhecidas. Neste processo de transmissão, exerceu influência também o próprio pensamento do agente transmissor, geralmente adeptos de um aristotelismo impregnado de concepções neoplatônicas.

No pensamento antropológico árabe, o homem, de um modo geral, é constituído de uma parte natural e de outra sobrenatural. Aquela é explicada segundo Aristóteles, esta segundo o neoplatonismo. Aquilo que Aristóteles dissera sobre o intelecto ativo fora tão indefinido que se fazia possível subir dos ensinamentos de *De Anima* para o pináculo sobrenatural do neoplatonismo.

Alfarabi e Ibn Sina. Alfarabi (turco de origem; falecido por volta de 950) define o intelecto puro como distinto da alma. Quanto a esta, tem duas espécies de poderes — aqueles que abrangem o organismo e aqueles que não o abrangem. Abrangem o organismo os poderes vegetativo, sensitivo e motor. Os intelectos teórico e prático são os poderes da alma para os quais não há órgãos específicos: são meras atividades da alma e não espécies puras ou separadas de intelecto. E há, finalmente, um intelecto puro, divino, que é a luz que ilumina nossa compreensão — poder que acelera os poderes latentes da alma. Importante na psicologia de Alfarabi é o elemento conativo. Afirma ele que em todas as faculdades psíquicas há um elemento de esforço. Intelecto, desejo e vontade são interdependentes. O pensamento é um esforço de elevação, a teoria é prática incipiente e a percepção é sempre seguida do gostar ou não gostar, isto é, de um elemento valutativo e volitivo.

Para *Ibn Sina* (*Avicena*, nasc. em 980) a alma fica a meio caminho entre o corpóreo e o espiritual. Partindo do Primeiro Uno (a Divindade), Avicena descreve o espírito universal, o espírito dos planetas e o intelecto ativo. O movimento voluntário e a apercepção não são funções da matéria, mas manifestações da realidade espiritual. Os poderes da alma são vegetativos, animais e racionais. Os vegetativos, por sua vez. se subdividem em gerativos, aumentativos (crescimento) e nutritivos. Os processos vitais, portanto, não são funções da matéria, mas da alma unida à matéria.

Alhazen (nasc. 965). Ao lado desses pensadores da escola árabe oriental, merece ser destacado Alhazen, tido por muitos como uma espécie de Helmholtz árabe, em virtude das suas pesquisas ópticas. Baseia-se Alhazen no princípio geral de que o olho recebe a luz dos objetos, desde que a antiga teoria de que também o olho emite raios já fora refutada pela escola de Ptolomeu. Na descrição do olho segue Galeno. Seguindo a tradição, ensina que "espíritos" estabelecem a comunicação entre olho e cérebro. É de interesse, porém, que considera a parte cognitiva da experiência visual como resultado de "espíritos" que passam por canais cruzados: nas "encruzilhadas" torna-se possível a comparação e o julgamento. É assim que os espíritos, enquanto o olho, através do constante movimento, explora todo o campo de visão e transmite o resultado até as encruzilhadas (mais tarde centros cerebrais), produzem a percepção do objeto como um *todo estruturado*. Tal processo envolve a memória e, em parte, a razão inferior (*congitatio, ratio conferens*).

Alhazen mostra extrema argúcia ao prosseguir na análise da percepção baseando-se na observação de Aristóteles de que na percepção alguns elementos são "acidentais", isto é, provêm de outras fontes. Dizemos que estamos vendo um amigo quando na realidade vemos apenas um objeto colorido e o *reconhecemos* como o nosso amigo. Elaborando essa observação, Alhazen acentua que na percepção há um elemento de comparação, quer de sensações coexistentes (como acima), quer de sensações presentes e passadas. O reconhecimento é outra fase dessa atividade e o reconhecimento imediato é uma *comparação inconsciente*. A teoria da inferência inconsciente é amplamente usada por Alhazen. Segundo a afirmação de Aristóteles de que não percebemos uma coisa estritamente como ela se apresenta, mas já no contexto como coisa tal e tal, Alhazen expõe a influência da experiência acumulada sobre a percepção, já que desenvolvemos certos esquemas, segundo os quais identificamos de forma inconsciente e imediata os objetos abrangidos pelo esquema ou forma respectivos, sem que haja necessidade de perceber explicitamente as partes do objeto percebido. É também digno de nota o fato de que Alhazen parece ter tido a intuição da lei formulada séculos depois por Weber, pois disse que toda sensação é uma espécie de desconforto, mas esse só poderia ser percebido ante *um certo grau de intensidade*.

Averroés (*Ibn Ruchd*, falecido em 1198). Dos pensadores árabes da Espanha deve ser destacado Averroés, famoso em virtude da sua teoria do intelecto ativo ou do *Nous* aristotélico que após a morte do indivíduo humano sobrevive, não porém como substância individual e sim apenas como momento do intelecto universal comum à espécie humana. Tal intelecto universal, porém, é uma emanação da Divindade. Essa teoria significa que a existência *individual* do nosso *Nous* ou intelecto ativo é limitada à vida carnal do indivíduo, sobrevivendo após a morte apenas como elemento do intelecto universal. Não admite Averroés, portanto, a sobrevivência individual da alma humana. A doutrina de haver apenas um intelecto ativo comum a toda a humanidade e, através dela, à Divindade, intelecto que apenas se particulariza temporariamente nos indivíduos para depois da sua morte volver ao intelecto universal – essa teoria aproxima-se evidentemente de uma concepção panteísta e foi por isso rejeitada pela escolástica cristã.

Maimônides (1135-1204) Entre os filósofos judeus deve ser destacado Maimônides que exerceu influência sobre Alberto Magno e Tomás de Aquino, particularmente pela maneira como adaptou Aristóteles à revelação. Salienta-se, na filosofia desse pensador, a ênfase com que acentua o livre-arbítrio: todo homem tem plena liberdade de decidir-se pelo bem ou pelo mal. A onipotência de Deus concedeu plena liberdade ao homem e sua onisciência antecipa a escolha humana, sem nela interferir. De certo interesse é também sua psicologia da visão ou do sonho proféticos que são descritos como emanação divina por intermédio do intelecto ativo, ativando inicialmente a faculdade de pensar e depois a imaginação do profeta, sendo condição física indispensável uma "substância cerebral" equilibrada pela pureza da matéria e pela mistura correta de todas as partes.

3.4. O Apogeu da Escolástica

Tendo sido relatados os problemas e tendências principais da psicologia medieval, em traços embora demasiadamente rudimentares para tornar visível a riqueza dos pormenores, convém apresentar em linhas gerais o pensamento psicológico de dois vultos da escolástica clássica, para dar ao esboço uma configuração mais nítida.

Alberto Magno. Os grandes nomes de Alberto Magno (1193- -1280) e Tomás de Aquino (1225-1274) representam o apogeu da escolástica e a súmula do pensamento medieval. A sua grandeza reside mais na força sintética do que na originalidade e, no caso de Tomás de Aquino, particularmente no poder da apresentação sistemática do que tinha sido elaborado no decurso dos séculos. A unidade do seu sistema é sobretudo conseqüência da assimilação de importantes textos aristotélicos através de fontes árabes, judaicas e gregas. Assim, o aspecto dominante da psicologia de Alberto e Tomás é o caráter peripatético. Pouco de novo apresentam na psicologia, mas uma breve exposição do seu pensamento neste terreno condensa a soma da psicologia medieval. Na questão dos universais, ambos são expoentes de um realismo moderado: há três classes de formas, ou seja, três tipos de ser dos conceitos gerais: *ante rem* (antes das coisas particulares), como idéias na mente de Deus; *in re*, como o geral nas coisas individuais; e *post rem*, como abstração conceitual na mente humana.

Magno considera o intelecto ativo como parte (ou melhor essência) da alma total, pois que é em cada indivíduo humano o princípio de forma de que outros indivíduos não podem participar ("Intellectus agens est pars animae et forma animae humanae"). Esse princípio ativo contém as faculdades vegetativa e sensitiva, tanto assim que também essas "partes" inferiores são imortais.

No que se refere à percepção, ensina que o objeto dos sentidos age sobre o sujeito de modo a produzir uma imagem (*forma sensibilis*), completada, por sua vez, mercê de um *ato da alma* que colhe o conteúdo apresentado. Ao passo que a *forma* é a imagem do objeto, essa apreensão é uma *intentio*. Assim, um ruído produz uma modificação orgânica que é a forma sensível. Se se seguir a isso a apreensão consciente da imagem (forma), temos um som.

O *sentido comum* (Aristóteles) ocupa-se dos sensíveis comuns, ou seja, dos conteúdos conjugados dos sentidos; também discrimina e é o agente pelo qual sabemos que temos sensações (consciência do "ego"). A questão controvertida da relação entre os sensíveis especiais e comuns é tratada com certa originalidade. O ponto em disputa era a união dos elementos comuns com os dados especiais, isto é, a maneira pela qual espaço, tempo, figura, movimento, repouso, nos são dados efetivamente em relação com uma sensação de cor, som etc. Alberto admite uma espécie de ação recíproca e a união conseqüente. O objeto especial é primeiro percebido pelo sentido especial e, depois, pelo sentido comum. O sensível comum, por sua vez, é percebido em primeiro lugar pelo sentido comum e, depois, pelo sentido especial. Por exemplo, um objeto colorido é percebido de tal modo que a cor é o primeiro objeto do sentido de visão. Depois, o sentido comum percebe a cor extensa: assim, o objeto final é tanto uma cor extensa como uma extensão colorida, o que, em última análise, é a síntese de "matéria" e "forma", na percepção, de certo modo uma antecipação, embora remota, da teoria de Kant.

A *memória* não é depósito de formas, mas de intenções (Plotino). As formas são imagens recebidas dos objetos. *As intenções são atividades dirigidas àquelas formas.* Segue, portanto, que a memória é a preservação, na consciência, não de formas, mas de atividades anteriores.

Tomás de Aquino. O Aquinense pouco diverge do seu mestre. Supera-o de longe em capacidade sistematizadora e sutileza, aplicando tais qualidades geralmente aos conteúdos elaborados por Alberto. De modo brilhante, refuta a teoria averroísta de um intelecto universal. Tal refutação, afora as implicações teológicas (negação do panteísmo e da mortalidade do indivíduo como tal), resulta psicologicamente em afirmação clara da *imanência* de todos os poderes psíquicos do indivíduo. Implica essa concepção também a sobrevivência da alma total do indivíduo.

As almas humanas são, como os anjos, formas imateriais (*formae separatae*), enteléquias do corpo. Aceita S. Tomás também a subdivisão aristotélica das funções psíquicas; no entanto, atribui à mesma alma que como *Nous* tem uma existência individual e imaterial — separável do corpo após a morte — ao mesmo tempo as funções vegetativas e sensitivas; tanto assim que a mesma substância é forma do corpo, *anima sensitiva, appetitiva* e *motiva* e, além disso, antes de tudo, *anima rationalis sive intellectualis.* As funções vegetativas e sensitivas, no pensamento de Aristóteles ligadas ao corpo e perecíveis como este, estão condicionadas, segundo Tomás (e Alberto), somente na sua atuação temporal pelos órgãos do corpo, de resto, porém, constituem com a forma substancial (ou seja, a alma intelectual) uma unidade e são, como ela, imortais. Somente o intelecto atua sem órgão, visto que a forma do órgão iria turvar o conhecimento das outras formas. "A alma intelectual contém, portanto, na sua perfeição, toda a realidade da alma sensitiva dos animais e da alma vegetativa das plantas" (*Summa Theologica*).

Na sua teoria do conhecimento, o Aquinense não estabelece uma nítida separação metódica de epistemologia e psicologia, de modo que na explanação daquela estão contidos dados importantes acerca desta. A inteligência é a faculdade capaz de transcender os dados sensíveis externos e de penetrar na essência das coisas. Assim, é apta a ler no interior dos seres (*intus-legere* = "dicitur enim intelligere, quasi intus legere", *Sum. Theol.*). Está a inteligência, portanto, em comunicação direta com a essência das coisas. Ligada, no entanto, ao corpo, a inteligência, para entrar em contato com as essências, tem de captar de início, materialmente, a materialidade, o acidental, das coisas. Assim, não pode atingir ao seu objetivo — as essências — sem que os sentidos, antes, lhe revelem a exterioridade material e acidental das coisas. Daí a famosa fórmula: nada está na inteligência que não estivesse primeiro nos sentidos. Não se deve deduzir daí que Tomás tivesse sido adepto de um empirismo radical. Significa isso somente que o intelecto, uma vez unido ao corpo, necessita do concurso dos sentidos para entrar em contato com o mundo material. De resto, ultrapassa de longe os dados sensíveis, comungando, através desses dados e transcendendo-os de longe, com a essência encoberta.

O ato de conhecer é um processo complexo, mas, apesar disso, *uno*, como é uno o sujeito cognoscente. Ocorre primeiro a percepção através dos sentidos que fornecem à inteligência passiva os dados ou seja a imagem concreta do objeto, captado como fenômeno individual (o indivíduo Guilherme). Imanente neste objeto está a sua forma, essência, idéia (*in re*) e a inteligência é a capacidade de ter em si a forma de todas as coisas. O intelecto ativo despoja o objeto (Guilherme) do acidental, decantando, por assim dizer, através da abstração, a idéia inclusa (homem): esta é "impressa" no intelecto passivo, potencial, como *species impressa*; o intelecto potencial, atualizado pela *species impressa* dá origem à *species expressa* — *verbum mentalis, conceptio mentis* — isto é, a essência ou idéia na sua abstração completa (humanidade).

Considerando, de um modo geral, a inteligência como faculdade superior à vontade, S. Tomás descreve minuciosamente as relações entre ambas as faculdades chegando à conclusão de se tratar, no caso, de um processo de inter-relação íntima: "A inteligência compreende que a vontade quer e a vontade quer que a inteligência compreenda". A vontade do homem é dotada de liberdade, havendo no ato da escolha uma colaboração íntima de inteligência e vontade, do intelectual e do afetivo. O conhecimento habitual e espontâneo dos princípios práticos supremos, destinados a dirigir a atuação moral do homem, é chamado por Tomás de *synderesis* (Et hoc est synderesis, cujus officium est remurmurare malo, et inclinare ad bonum. . ." (*De Veritate*).

3.5. *O Declínio da Escolástica*

O lento solapamento da escolástica tradicional, cujo ápice é o sistema de S. Tomás, começou muito mais cedo do que geralmente se pensa. Enquanto, ainda no século XIII, todo o labor especulativo parecia dirigir-se para o esforço de interpretar Aristóteles em termos cristãos, já se começavam a manifestar pensamentos de uma oposição que, pouco a pouco, ia abrindo caminho para uma nova visão das coisas. É o nominalismo empirista que, na própria escolástica, abala os fundamentos do racionalismo realista; é a mística que recorre à *experiência* do próprio eu; é a atitude científica que começa a surgir, através do experimento e a observação da própria natureza, ao invés da análise erudita de textos autoritários.

A escolástica, na sua forma mais desenvolvida, procura abranger num vasto sistema a totalidade das coisas, elaborando assim, para maior glória de Deus, também uma ampla teoria do mundo e da natureza, criações de Deus. Neste sistema, Deus é apenas a coroa apreendida pelo conhecimento complementar fornecido pela revelação. A oposição, essencialmente conservadora, dos místicos, como ela se reflete particularmente na atitude dos franciscanos imbuídos de tendências agostinianas e platônicas opostas aos dominicanos aristotélicos, acentua a fé e a teologia como supremos, dirige-se contra a ligação de teologia e conhecimento da natureza — para realçar a pureza da primeira — e liberta assim sem querer, este último dos laços teológicos, transformando esse ramo de conhecimento em indagação autônoma. É daí que na última fase da escolástica pode surgir a teoria das *duas verdades*, uma referente ao conhecimento sobrenatural, mercê da revelação, outra referente ao conhecimento natural. Nesse desenvolvimento representa papel importante o nominalismo que, reconhecendo apenas a realidade das coisas particulares, nega a possibilidade do conhecimento natural das entidades não-sensíveis, conhecimentos que ficam entregues à revelação e teologia, ao passo que o mundo sensível exige métodos diversos, empíricos. Assim, a escolástica, na sua última fase, da mesma forma como a mística, preparam o caminho de uma ciência natural autônoma, enquanto o agostinianismo dos franciscanos, com sua acentuação da fé e vontade e o ceticismo face à razão, sugerem os rumos tomados mais tarde pela Reforma (Lutero irá chamar a razão de "prostituta").

A Mística. É neste sentido que se deve apreciar a influência de um místico como S. *Boaventura* (1221-1271), tomando em conta o alto valor que atribui à teologia como prática (e não como teoria) e, concomitantemente, o vigor com que acentua o *voluntarismo*. O movimento que ia, cada vez mais, salientar a vontade em detrimento da razão relaciona-se com o crescente *individualismo* (ligado ao nominalismo) e *irracionalismo*. No momento em que (como na filosofia de Duns Scotus) é acentuado o primado da vontade na própria Divindade, declarando-se que o Bem é Bem porque Deus assim *quer*, ao invés de se declarar, como S. Tomás, que Deus o quer por ser Bem: neste momento destrói-se a ordem racional do mundo que passa a ser uma posição arbitrária da vontade divina, vontade que é perfeitamente capaz de estabelecer uma ordem inteiramente diversa. Com isso tornam-se impossíveis conhecimentos *racionais* acerca dos mundos transcendente e imanente: no primeiro caso resta somente ter fé, no segundo o que se impõe é observar empiricamente o que está dado *hic et nunc.*

Mesmo um místico dominicano como o alemão *Eckhart* (1260-1328), intelectualista e, na questão dos universais, realista, acabou engrossando as fileiras da oposição ao tradicionalismo, mercê do elemento platônico que no seu pensamento se acentua. Pregando em alemão e não em latim, liberta-se dos esquemas e associações tradicionais, pois a herança do pensamento é inevitavelmente também uma herança de palavras. Assim, a sua relação com o dogma teológico se torna assaz livre e não admira que 28 dos seus pontos doutrinários fossem condenados pela Igreja. Por paradoxo que pareça, Eckhart acabou tornando-se um precursor das ciências modernas.

Duns Scotus (falecido em 1208). Dentro da própria escolástica tornou-se de extrema importância no processo da dissolução escolástica, o escocês Duns Scotus, franciscano, devido à sua crítica aos argumentos (não aos próprios dogmas) empregados pelo dominicano S. Tomás. Embora realista na questão dos universais, destaca com vigor o individual, em conseqüência da teoria de que a *forma* (e não a matéria como geralmente se ensinava) é o princípio individualizador. Essa teoria da *haecceitas* (da "Estidade" ou peculiaridade individual) representa uma apreciação valutativa inteiramente nova do *individual,* sensível. A isso corresponde logicamente a negação de idéias *a priori,* inatas, cabendo ao intelecto formar os conceitos gerais (que, no entanto, se referem a objetos "reais") pela abstração à base das coisas sensíveis. De acordo com o menor valor dado ao intelecto, Duns Scotus ensina um voluntarismo vigoroso ("Voluntas est superior intellectu") e limita a *teologia naturalis,* atribuindo apenas à revelação a prova de vários artigos fundamentais do cristianismo que até então se acreditava poder provar racionalmente.

Na sua psicologia, Duns Scotus aplica a sua teoria voluntarista com resultados marcantes. Reconhece que a parte cognitiva vem em primeiro lugar. Temos idéias antes que conscientemente as empreguemos como meios para fim. Mas os pensamentos são inicialmente apenas *eventos neutros,* o mero aparecer de idéias na alma: isto é apenas o material sobre o qual a vontade exerce a sua atividade. É ela que seleciona as idéias, distinguindo esta ou aquela, tornando clara e nítida uma entre muitas outras confusas. Cessado o ato de vontade, a idéia distinta tende a retornar à sua indistinção anterior. Assim, Duns antecipa, de certa forma, os problemas modernos da atenção e apercepção e idéias atuais acerca de uma *margem* na consciência, bem como acerca da "faixa estreita" da atenção.

William of Occam (Ockam; falecido em 1347), discípulo de Duns e franciscano como ele, foi o grande líder do nominalismo, concepção que abala as bases realistas da escolástica: se só os particulares, as coisas singulares e individuais existem e se todo o nosso conhecimento começa com particulares, sendo os universais apenas "nomes", "sons" – neste caso toda a imensa construção da *teologia naturalis* deixa de ter base. Com efeito, segundo William nenhum dos artigos teológicos cristãos pode ser provado pelo raciocínio, nem sequer a existência e unidade de Deus. Toda a esfera sobrenatural se torna artigo de fé. Tal concepção abre caminho para uma completa independência das ciências empíricas e indutivas (positivas) com relação à teologia, pois a esfera natural torna-se campo da observação ou seja, na terminologia de William, da "intuição" (percepção) que é a forma natural do nosso conhecimento num mundo em que só o individual tem existência. Epistemologicamente, o nominalismo de William leva a uma espécie de fenomenalismo: os sentidos transmitem-nos apenas sinais dos objetos, sinais relacionados com estes últimos, mas de modo algum semelhantes a eles. Da mesma forma, a intuição interna fornece-nos apenas conhecimentos dos nossos *estados* de alma: a essência dela é desconhecida e tampouco pode ser provada a imortalidade da alma.

William lança nitidamente o princípio que serviria de base ao empirismo moderno: a experiência é a fonte do nosso conhecimento e todo conhecimento que transcende a experiência é mera questão de fé.

Roger Bacon (1214-1294; não confundir com Francis Bacon), franciscano, é um pensador anterior a William. Precocemente e por isso frustrado apresenta-se como um vulto com traços que mais tarde iriam caracteriza o pensamento renascentista. Rejeita todo o ideal científico da escolástica, bem como a lógica aristotélica. Proclama como método de conhecimento o *experimento* e a experiência. Descobre as leis da reflexão; faz experimentos químicos, no anseio renascentista de dominar as forças da natureza e nesse afã recorre também à magia, astrologia e alquimia.

Conclusão. Pode-se dizer, em suma, que a escolástica declinou sob o impacto de um pensamento nascido em seu próprio seio e devido à emergência paulatina de um empirismo que tendia a solapar a majestosa unidade da cosmovisão tomista, ao arrancar do campo teológico todo o campo do mundo sensível. Neste embate, a mística conservadora desempenhou papel semelhante, embora agindo precisamente do lado oposto: arranca, por assim dizer, a fé e a teologia do campo dos conhecimentos da natureza, de modo que a unidade do sistema medieval é fragmentada sob o efeito da força distensora de dois movimentos contrários.

4. O RENASCIMENTO

Se a época helênica de transição representa, sob o aspecto que aqui interessa, a penetração da religião oriental dentro do pensamento filosófico e científico, fator de enriquecimento, mas também de retardamento da evolução das ciências positivas, o Renascimento acentuava o movimento contrário, já iniciado em plena Idade Média: o de desintegrar essa combinação até certo ponto heterogênea, essa síntese medieval de revelação e filosofia. Nesse processo de dissolução e transição ocorrem fenômenos semelhantes àqueles da última fase da Antigüidade: florescimento de especulações teosóficas e místicas que revelam a elaboração cada vez mais livre do dogma e a tendência de acentuar a intuição livre e pessoal; ao lado disso ocorre, numa espécie de involução de grande fecundidade, a volta cada vez mais acentuada, embora de início indisciplinada, ao estudo da natureza, tão característico da Antigüidade grega.

Nota-se de novo um forte influxo platônico (Marsílio Ficino, Pico della Mirandola). O platonismo, além do elemento conservador e místico, já mencionado, salienta ao máximo a importância da matemática, bem ao contrário do aristotelismo. Esse fato, inicialmente encoberto por especulações teosóficas, iria tornar-se da mais alta importância.

Um segundo momento é de extremo significado: o da unidade dinâmica da natureza, imbuída, no seu interior, de forças fundamentais homogêneas. Tais forças, é preciso procurar para dominá-las. A atitude de procura ansiosa e audaz, com fito pragmático ("saber é poder") é típico do Renascimento. A dissolução da disciplina intelectual da Idade Média teve ao menos um mérito: o de libertar a fantasia (acentuam-se fortes traços estéticos), a qual inicialmente se lança a elucubrações mágicas e de alquimia, preparando o campo para a destruição dos velhos esquemas e categorias. A progressiva secularização do pensamento implica a transformação do sistema teocêntrico em sistema antropocêntrico: o *homem*, e este como ser concreto e individual integrado na natureza, visto na perspectiva do nominalismo, ocupa o primeiro plano. O estudo do homem é o caminho para estudar o mundo, pois o homem é o microcosmo em quem se reflete o macrocosmo, em quem estão presentes, em escala diminuta, todas as forças do universo (Paracelso, 1493--1541, proclama, por isso, a medicina como a ciência principal). O homem e o universo *infinito*, numa época que já não tem a mesma fé na revelação, tornam-se *desconhecidos* e, portanto, campo de observação, pesquisa e especulação inteiramente renovadas. O Renascimento torna-se assim a época das "invenções e descobertas".

A nova psicologia iniciou-se, de certa forma, com Maquiavel, na medida em que se empenhou em estudar a vida tal como a encontrava perante os olhos, ao invés de cair nos velhos esquemas de forma e matéria. Adotava-se uma nova perspectiva (a própria "perspectiva" simboliza uma visão a partir do indivíduo, à semelhança do que ocorreu na época dos sofistas gregos, quando se introduzia a perspectiva na pintura); e essa nova visão é mais concreta, mais vital. Dante, Petrarca, Leonardo, Galileu também são outros tantos pioneiros que tomaram em conta a força viva e criativa do indivíduo. A nova atitude, essencialmente profana, é expressão não de sacerdotes, mas de pensadores que fazem parte da burguesia em ascensão.

4.1. *O Surgir da Visão Naturalista*

O estudo mais intenso da natureza já notado em Alberto Magno dá novo ímpeto também ao estudo do homem, acentuando-se cada vez mais a visão naturalista. Em 1501, *Magnus Hundt*, professor em Leipzig, escreve um livro sobre a natureza do homem, usando pela primeira vez o termo *antropologia*. Ainda que o material empregado seja antiquado, nota-se que Hundt pertence a um novo período e está imbuído de um novo sentimento de vida.

Ainda assim, a tradição continua pesando sobre o pensamento em ebulição. Ninguém parecia capaz de aproximar-se do reino animal sem qualquer preconceito derivado das autoridades do passado. Mas a libertação se anuncia no florescimento da fantasia. Uma idade de maravilhas estava preparando o caminho para uma idade da ciência, pois não se excluía de antemão nenhuma hipótese, tudo parecia possível. Como resultado dos novos descobrimentos, as antigas categorias iam tornando-se obsoletas. O problema da natureza do homem foi objeto de uma obra de *Levinus Lemnius, De Ocultae Naturae* (1574), na qual o naturalismo é bem desenvolvido: mesmo os seres míticos – ainda aceitos – são explicados por causas naturais: tanto a mente como o corpo são sujeitos a mudanças devido ao clima e à variação das regiões. Humores, não espíritos maus, causam doenças. Os estados de consciência têm um correspondente corporal e a consciência depende dos modos de vida e da constituição de cada um. Lemnius abandona as generalizações usuais sobre o conhecimento inato do bem e mostra a variedade dos comportamentos humanos.

Havia, na época, observação genuína, um novo poder de ver o significado dos fatos ordinários. O homem se tornara parte da natureza, ser que se observa concretamente. Essa reviravolta, ligada a profundas transformações sociais e, teoricamente, ao nominalismo, nota-se na atitude naturalista de Maquiavel ou Montaigne, ao estudarem a vida como a viam em torno de si, com a sua variedade que não se deixa captar em abstrações. *Montaigne* (1533-1592), em particular, trouxe a psicologia para a terra, embora, na tendência de reduzir tudo a processos ou conteúdos da mente – antecipando o moderno "psicologismo" – chegasse a extremos de subjetivismo e relativismo inaceitáveis. Reconhece Montaigne a ocorrência de fenômenos psíquicos *imperceptíveis* (Leibniz!) e de fatores subconscientes, independentes do controle da vontade, como contrações do rosto, o bater do coração etc.

4.2. *O Conhecimento do Corpo Humano*

Nota-se, também, uma mudança expressiva na descrição do corpo humano. Em 1510, *Sylvius* descobre a cisura que lhe recebeu o nome e, em 1518, *Berenger de Carpi* descreveu a conjuntiva; entretanto, a despeito da originalidade destes descobrimentos continuava-se a aceitar, intacta, a autoridade de Galeno. Essa autoridade foi abalada somente com a obra de *Vesálio, De Humani*

Corpori Fabrica (1543). Vesálio é o real fundador da fisiologia. Comprova experimentalmente as funções das partes anatômicas que estudava. Praticando a dissecação, descobriu muitos dos erros de Galeno: "a ciência vem da observação e não da autoridade". Já antes *Servet* havia descoberto a pequena circulação do sangue. O tempo estava preparado para novos descobrimentos. *William Harvey* (1578-1657) descobre finalmente a circulação do sangue. Os novos achados tornam insustentáveis as velhas doutrinas, particularmente a dos espíritos que não se coaduna com a da circulação, já que os espíritos faziam o sangue correr para frente e para trás. Isso não impede, no entanto, que essa doutrina dos espíritos seja mantida ainda durante séculos. A explicação de Galeno de que os nervos motores e sensoriais variam em estrutura (duros e macios) foi rudemente atingida pelas observações de *Rondelet* e de *Laurent* no século XVI, aquele mostrando que os nervos se estendem, ininterruptamente, do cérebro às extremidades e este, observando que os nervos medulares têm dupla raiz e que desenvolvem gânglios depois que saem da medula. Só um século mais tarde se descobriria a distinção real entre nervos sensoriais e motores, isto é, a sua origem diversa.

4.3. *A Escola da Itália*

O efeito de tais transformações sobre o próprio ensino acadêmico não podia deixar de ser significativo. Tal mudança se fez notar particularmente na famosa escola de filosofia e medicina de Pádua, cuja influência se irradiava para toda a Itália Setentrional e além (Ferrara, Bologna etc.). Entre os professores daquelas universidades distinguiu-se *Pietro Pomponazzi* (1462-1525), que seguiu decididamente a tendência naturalista, chegando ao ponto de negar a imortalidade da alma. Para poder apresentar tais teses, que tendiam a integrar o homem inteiramente na natureza, recorreu à doutrina das duas verdades — a filosófica e a teológica. O pensamento científico (ou filosófico), seguindo o seu curso até o fim, conduziria à negação da imortalidade da alma individual; no entanto, ao pensamento teológico somente se ajusta a imortalidade. Pomponazzi declarou também que o corpo é indispensável a todas as funções dos sentidos (só as funções superiores independem do corpo; mas assim mesmo não ultrapassam a esfera da experiência humana; não implicam nenhum poder sobre-humano operado de fora).

Bernardino Telesio (1508-1588) tornou-se sobremaneira importante porque foi um dos primeiros a combaterem o sistema aristotélico não meramente em favor do platonismo ou de qualquer outro sistema antigo, mas simplesmente em favor da pesquisa autônoma dos fenômenos naturais. Ele fundou em Nápolis uma sociedade destinada a pesquisas da natureza, a qual se tornou modelo de muitas sociedades semelhantes. O naturalismo de Telesio é típico das escolas italianas daquela época: típico, de resto, também dos doutos vagantes e dos mágicos da época. É característico que, embora reconhecendo algo de "mais elevado" no homem, não se ocupa dessa parte, deixando-a de lado e evitando assim as questões teológicas. Livre dos problemas sobrenaturais, desenvolve idéias em parte fantásticas sobre as funções do corpo, com implicações de um materialismo ambíguo, e adotando a teoria tradicional dos "espíritos". As operações da mente são tratadas como formas mais elevadas da sensação. Uma percepção é uma sensação completada pela atividade da mente já trabalhada por sensações anteriores; assim, a mente contribui elementos não presentes na sensação dada. No processo do conhecimento tanto a sensação quanto a razão mantêm-se inteiramente dentro da esfera natural do indivíduo. Nenhum elemento sobrenatural (intelecto ativo) intervém. Interpretando assim a sensação como atividade do organismo, não separada, pela natureza, da razão; ignorando praticamente a razão e acentuando a atividade complexa da comparação e discriminação; apresentando finalmente o todo como um processo natural dirigido para um bem perceptível — a preservação do Eu — Telesio antecipou as partes principais dos ensinamentos antropológicos de Bacon e Hobbes.

Tommazo Campanella (1568-1639) seguiu em essência as idéias de Telesio; acentua, porém, de forma mais vigorosa a *atividade* da alma. Dominicano leal à Igreja, sofreu, no entanto, perseguições pelas suas doutrinas. Reconhece uma *dupla* revelação divina — a da Bíblia e a da Natureza. O mundo é o segundo livro, o espelho vivente que nos apresenta, como reflexo, o semblante de Deus. Polemiza com veemência contra o estudo da natureza com base nas obras de Aristóteles e exige o estudo da própria natureza. Base do conhecimento filosófico são os dados fornecidos pelos sentidos.

A *Julius Caesar Scaliger* (1568-1639), discípulo do Pomponazzi, atribui-se a prioridade na exposição do senso muscular: caminhando, um homem sabe a posição do pé sem uma *species sensibilis* para representar essa posição. Observa também que o peso não é percebido pelo tato e parece ter feito uma clara distinção entre tato ativo e passivo (contato e pressão?). Duvidava também se uma só *species* era enviada ao cérebro para efetuar um movimento: sugeriu uma cadeia contínua de tais *species*, o que tem sido considerado como uma descrição da inervação. Explicava os hábitos como produtos das ações, consistindo em adaptação orgânica.

4.4. *Juan Luis Vives* (1492-1540), considerado por alguns como o "pai da psicologia" empírica, moderna, em virtude da sua exigência: é preciso verificar, não o que a alma é e sim quais as qualidades que ela tem e de que modo ela atua – Vives realmente não foi tanto psicólogo como, sobretudo, um reformador de idéias educacionais. Mostrou à sua época em que sentido a vida é mais do que a literatura autoritária e tradicional. Na realidade, representa o cume da transição da antiga para a nova psicologia. Galeno lhe fornece a parte fisiológica e Aristóteles, o programa. Ainda que seja fraca a sua exposição do funcionamento sensorial, ele alude a um senso muscular, dizendo que certas experiências, como o peso, pertencem a todo o corpo, distinguindo-se do senso do duro e macio.

Sua concepção das funções mentais segue um símile fisiológico: tal como na nutrição do corpo primeiro se dá a recepção, depois a retenção e por fim a elaboração do material, há na cogitação passos semelhantes: primeiro vem a imaginação ou recepção do alimento mental, as imagens; em seguida, a memória (retenção) e, depois, a fantasia, combinando e fundindo. Por último, o julgamento (*vis aestimatrix*).

Das suas contribuições aquela que sobremodo interessa é a de que o intelecto como tal (*mens particularis*) – que é a mente particular da pessoa e não qualquer intelecto supranatural ou suprapessoal – é descrito como iniciando-se com o *intellectus simplex*, a apreensão elementar do sentido de uma sensação. Esse germe de pensamento cresce em seguida, expandindo-se num sistema de pensamento pela ação de várias operações mentais, chamadas: *consideratio, recordatio, collatio, discursus, judicium, voluntas, contemplatio*. Essa enumeração elaborada tem certo valor porque revela até que ponto a mente se lhe afigura plena de força vital: parece sentir-lhe a vida, o crescimento, a expansão, o desenvolvimento. Uma idéia permanece não tanto pelo fato de a termos tido, mas de a termos vivido. Pela primeira vez se formula tão nitidamente a associação de *experiências* e não só de idéias: "ao olhar um lugar, surge à mente o que sabemos ter sucedido neste lugar ou ser aí situado". "A lembrança se dá por etapas de causa e efeito; deste ao instrumento; da parte para o todo; do todo para a situação; da situação para a pessoa; da pessoa para as primeiras e últimas coisas; para o contrário; para o semelhante." A vida do pensamento desenvolve-se como que sustentada pelo *fluxo inconsciente* de impressões – impressões captadas sem serem apreendidas pela atenção consciente.

Os estudos de Vives sobre as paixões marcam nova era na psicologia dos estados emocionais; não tanto porque oferecem nova classificação, mas sobretudo porque emoções como ódio, amor, ressentimento, inveja, ciúmes, desejo, esperança, alegria etc. — subordinadas à classificação geral de "repulsão" e "atração" — são cuidadosamente descritas. Todo o curso da vida é regulado por emoções; essas podem obscurecer percepções e não se subordinam ao intelecto. As emoções radicam-se nas disposições. Tendências dominantes, essas disposições vão colorir todos os pensamentos e associações do homem, temporária ou permanentemente. Essas disposições podem ser modificadas, fisicamente, pelo regime alimentício, mentalmente pelo exercício, pois que uma mudança de opinião pode, por sua vez, modificar a atitude emocional, pela criação de novas disposições.

Conclusão. Os traços essenciais da psicologia moderna surgem na época do Renascimento, ainda que de forma incipiente e confusa. Ela luta, nessa fase, para se tornar *independente* na busca da verdade, tal como o antigo pensamento grego. Ela se esforça por ser *racionalista* porque faz ou procura fazer da razão humana a mais alta autoridade na busca do conhecimento. Ela tende a ser *naturalista* porque busca explicar a natureza exterior e interior sem pressuposições sobrenaturais, que cabem à teologia; e se empenha por se tornar *empírica* porque considera a experiência como a fonte legítima do conhecimento. E, finalmente, visa a ser *científica*, porque procura manter-se em contato com as novas ciências.

5. A PSICOLOGIA NOS SÉCULOS XVII E XVIII

5.1. Os Progressos Científicos

O século XVII é de importância decisiva para a emergência da Modernidade. Ao lado da elaboração de uma nova matemática sob a liderança de Descartes, Galileu, Kepler, Newton e Leibniz, o maior acontecimento da época talvez seja o momento em que Descartes, num acampamento militar, teve a visão de uma "ciência maravilhosa". É o dia 10 de novembro de 1619. "Nem sequer sei se houve, antes de mim, homens (pois nada é certo), e pouco me incomodo com a autoridade."

Lentamente se elimina o caráter teosófico do pensamento da época de transição. A ciência física, antecipada três séculos antes por Roger Bacon, começa a ter o seu magnífico surto, mercê do método da observação experimental e do emprego da matemática, na descoberta de regularidades exprimíveis em definições quantitativas. Copérnico foi o causador do abandono

59

da cosmologia de Ptolomeu, Tycho Brahe faz cuidadosas observações astronômicas e Kepler fornece o plano correto do movimento elíptico dos astros. É também o iniciador da grande fusão da indução e do método matemático, dedutivo. Gilbert, na Inglaterra, procura como Kepler associar a matemática a suas observações, começando a variar as condições de observação a fim de verificar o acerto de suas hipóteses. Fez, portanto, a experimentação. Esse trabalho encontra em Galileu um admirador e continuador no campo mais vasto da mecânica e óptica. Já começa a recorrer às lentes holandesas recém-inventadas. Francis Bacon faz-se arauto do novo método indutivo. Newton continua os trabalhos de Kepler, aperfeiçoando a fusão dos métodos matemático e empírico. São do domínio de todos as suas contribuições relativas à análise física das cores espectrais, à teoria das cores e da luz, às pós-imagens positivas e negativas. A revolução provocada por Harvey, com a sua descoberta da circulação do sangue, já foi destacada. Van Leeuwenhoek melhorou as lentes do microscópio que passam a aumentar 270 vezes. Foi ele quem, pela observação de microrganismos, concorreu para que Leibniz, seu amigo, concebesse a teoria das mônadas, já anteriormente ideada por Giordano Bruno, o arauto da imensidade infinita do universo.

Todas essas descobertas, todos esses progressos metódicos concorreram para criar a nova, a "maravilhosa ciência" que pouco se incomoda "com a autoridade". Era natural, portanto, que na psicologia o ponto de vista de Vives fosse, afinal, vencedor: era preciso observar os fatos psíquicos, evitando-se aceitar sem exame as interpretações dominantes.

5.2. O Racionalismo

Dois métodos — baseados em considerações epistemológicas e valutativas diferentes — opõem-se no início da era moderna, conseqüentes, de certa forma, da velha disputa entre realistas e nominalistas: o *racionalismo*, convencido de que a verdadeira fonte do conhecimento é a *ratio*, baseando-se, por isso, na certeza da existência de idéias inatas, pontos de partida dos processos de dedução; e o *empirismo*, convencido de que a verdadeira fonte do conhecimento são os sentidos que inscrevem os dados na *tabula rasa* da mente e que por isso recorrem ao método da indução, a coleta de dados, como foi recomendado por Francis Bacon. Ambos os métodos, quando usados de modo unilateral, são defeituosos; os racionalistas deixam de testar as suas observações pela observação; os empiristas esquecem-se de que qualquer coleta de dados exige uma hipótese e categorias apriorísticas prévias, para selecionar e organizar os dados de experiência. As grandes conquistas da ciência, com efeito, resultaram de uma fusão de ambas as tendências, isto é, pela formulação de hipóteses tentativas, expressas de forma matemática, e pelo teste delas por meio da observação e variação das condições de observação.

René Descartes (1596-1650). A importância de Descartes, no campo da psicologia, talvez não decorra tanto das suas teorias, ainda eivadas de idéias tradicionais, quanto da sua atitude de sinceridade intelectual. Daí seu ceticismo metódico e o desejo de reduzir tudo que é complexo, através da análise, a "naturezas simples" (como sejam figura, movimento, extensão), exprimíveis em magnitudes de ordem matemática. A *res extensa*, porém, não podia ser reduzida à *res cogitans*, nem esta àquela. Eram, como tais, irredutíveis. Esse dualismo importou na explicação radicalmente mecanicista do corpo (*res extensa*) como um sistema de reflexos, ao passo que a alma (humana) – *res cogitans* – que só pode ser investigada pela introspecção direta, que nos dá dados imediatos e certos, é de natureza inteiramente diversa, separada por um abismo do corpo. O pensamento metódico tem de basear-se na introspecção que nos fornece juízos tão inabaláveis como o *cogito ergo sum*. Daí a prioridade da mente, tão característica da filosofia moderna. A tendência introspectiva prepondera mesmo em adversários como Locke e Hume e o interesse epistemológico de Descartes impõe à psicologia, durante séculos, forte cunho intelectualista, com desprezo dos fatores conativos. A consideração mecanicista do corpo, de outro lado, exclui a teoria antiga de almas especiais, portadoras das funções coordenadas do corpo (almas vegetativa e sensitiva) e reduz os fenômenos vitais a categorias que dificilmente podem explicar o organismo, pela cuja peculiaridade Aristóteles mostrou muito mais compreensão embora viciada pelo seu teleologismo metafísico.

O corpo é um sistema fechado de movimentos mecânicos, cujo princípio físico é uma espécie de calor que faz circular o sangue. O calor produz uma quintessência do sangue, os "espíritos animais" que, fluindo pelos nervos, de forma regulada pelo cérebro, transmitem as sensações; essas, ligadas aos nervos motores por meio de válvulas, produzem reflexos motores nos músculos, por intermédio dos espíritos mencionados. Todavia, como se origina o ato inteligente do homem num sistema fechado de reflexos? Em suma, como pode a liberdade humana operar num mundo mecânico?

No que se refere aos animais, são considerados meros autômatos, regidos inteiramente por leis físicas. Não têm alma.

São um sistema fechado de reflexos. O homem, porém, é portador da *res cogitans*, que pensa, lembra e quer. Há interação entre corpo e alma: aquele é um sistema apenas *quase* fechado.

Mas como se produz essa interação entre uma *res extensa*, mecânica, e outra que é *res cogitans*, fora da ordem especial? Descartes procurou o ponto de interação, a "sede da alma". Ora, essa é unitária e não pode agir sobre dois pontos separados do corpo. O cérebro, segundo os estudos médicos a sede, mostrava perfeita simetria em todas as partes. Não era possível situar a alma, que é unitária, de um só lado, ou em dois pontos simétricos separados. Somente a glândula pineal — cujas funções se desconheciam — escapava à dualidade simétrica: estava bem introduzida no centro do cérebro. Só há *uma* glândula pineal. É ela, portanto, o ponto de interação entre mente e corpo e é a partir daí que a *atividade* da alma se transforma em *movimento* mecânico mediado pelos espíritos animais. A alma, ligada a todo o corpo, intervém por intermédio daquela glândula. Descartes deu-se conta das dificuldades envolvidas nessa teoria e modificiou os pormenores por várias vezes. O problema da sensação, por exemplo, é abordado como a transmissão de movimentos do objeto aos sentidos, depois, da extremidade externa dos nervos às extremidades interiores. A transição do movimento quantitativo para a sensação qualitativa apresentou-lhe tremendas dificuldades. O movimento dos nervos produz na glândula pineal uma "impressão" e assim a alma é estimulada a produzir uma idéia (o movimento transforma-se em "atividade"): idéia correspondente (simbólica) ao objeto, mas de modo nenhum igual. Luz, cor, sabor etc., são produções subjetivas da alma. No que se refere a essa, as operações dos sentidos externos e dos internos (apetites, emoções) são "paixões", já que nelas a atividade da alma é determinada por objetos (isto é, ela é passiva). A própria alma, como ativa, contribui as operações de imaginação, memória, volição racional e razão abstrativa. Ela pode, como tal, operar sem apoio do cérebro, baseada nas idéias inatas, sem depender dos objetos externos (embora esses elevem à consciência as idéias inatas (Platão!), que por vezes também são definidas como "potencialidades" do pensamento).

Merecem menção especial as teorias das emoções e da memória de Descartes. As emoções (paixões) são fenômenos quase mecânicos, decorrentes das sensações, mas em parte também de volições internas. A vontade ou atividade da alma tem a capacidade de modificar as paixões e a educação pode produzir um caráter de disposições fixas. Assim, a doutrina das paixões leva à doutrina da conduta e à ética. Toda a complexidade da vida emocional é reduzida a seis "paixões elementares: admiração, amor, ódio, desejo, alegria, tristeza". Quanto à memória, é a facilitação de vias nervosas. Essas, tendo conduzido uma vez o impulso, ficam predispostas a conduzi-lo de novo. Os *vestígios* no cérebro agem "como as dobras de um pedaço de papel". Parece, portanto, que, segundo Descartes, tendem a se restabelecer as experiências contíguas ou semelhantes, parcial ou totalmente.

Arnold Geulincx (1625-1669) e Nicolas de Malebranche (1638--1715). O dualismo cartesiano dificulta sobremaneira entender-se a interação entre corpo e alma, ainda mais porque as funções vegetativas (espécie de transição entre corpo e alma superior), antes atribuídas a uma parte da alma, fazem agora parte do corpo. De outro lado, todos os estados "animados" foram eliminados da *res extensa*, mero sistema de reflexos. O encontro, num *ponto* (matematicamente sem extensão), entre alma e corpo não satisfazia. Geulincx e Malebranche tiraram a conclusão do *ocasionalismo*: por *ocasião* de um processo físico, Deus produz na alma a idéia correspondente; por *ocasião* do querer, Deus move o corpo. Só mesmo um Deus *pensante* pode agir sobre a *res cogitans*, não as coisas extensas. Malebranche teve a noção nítida da síntese mental, presente já nas sensações naturalmente estruturadas, reduzíveis a elementos somente pela análise. Pela teoria de que não há relação causal entre corpo e alma e de que os fatos mentais influem somente em fatos mentais e materiais somente em materiais, antecipa o paralelismo psicofísico de Spinoza.

Baruch Spinoza (1632-1677), insatisfeito com o dualismo da substância extensa e pensante de Descartes, que implica dificuldades intransponíveis no tocante à interação entre alma e corpo; insatisfeito também com a solução artificial do ocasionalismo, tira as últimas conseqüências de um pensamento inerente, no fundo, no próprio sistema cartesiano: afirma a realidade de apenas uma substância infinita (Deus), entre cujos inúmeros atributos os dois únicos conhecidos do homem são os da extensão e do pensar. As duas substâncias de Descartes transformam-se, portanto, em atributos de uma só substância. Essa tese soluciona de forma radical o problema da interação: ela não ocorre. Trata-se apenas de dois aspectos de um só ser. O que há, é um paralelismo entre as modificações (*modi*) do atributo extenso e as do atributo pensante. Não há modificações de um atributo a que não correspondam modificações do outro. Dentro de cada atributo os *modi* seguem-se com necessidade "causal". Mas a causalidade de Spinoza é mais uma seqüência lógica de proposição e conclusão ou de condição e condicionado do que de causa e efeito. Trata-se, em essência, de relações geométricas, atemporais. O monismo de Spinoza estabelece pela primeira vez a teoria do paralelismo psicofísico.

O indivíduo humano é uma "modificação", um estado passageiro da única substância divina. Cada modo de consciência, cada sensação, percepção, pensamento, aspiração (*conatus*) é ao mesmo tempo um saber adequado ou inadequado de um estado corporal ou de um objeto. Os modos mentais chamados idéias referem-se a estados conscientes: não há idéias inconscientes. Nossa consciência reflete de início o nosso próprio corpo, depois o mundo corporal na sua atuação sobre esse nosso corpo. Intelectualista extremo, Spinoza vê toda a vida psíquica como uma seqüência de idéias; mas, sendo o homem um ser psicofísico, uma unidade substancial, e sendo as idéias principalmente idéias acerca do próprio corpo e da sua limitação por outros corpos, segue daí que ele será ativo e passivo ao mesmo tempo, isto é, ele será na sua atividade inibido, "afetado" pelo que se contrapõe à sua atuação; por isso, aspira a afirmar a sua existência contra esses obstáculos. Neste sentido, o intelectualismo de Spinoza é ao mesmo tempo um voluntarismo; a nossa *cupiditas*, os nossos desejos nada são senão a idéia, o correlato psíquico da tendência de preservação, peculiar a este nosso corpo como a todos os outros. Alegria e tristeza, prazer e dor são a expressão do êxito ou malogro dessa tendência de auto-afirmação. Básica é a consciência de ser "afetado" por aquilo que se contrapõe (daí o nome "afeto"), origem do desejo (*cupiditas*) de autopreservação. Essa aspiração, referida apenas à mente, é vontade; referida ao mesmo tempo à mente e ao corpo é desejo, o qual,   portanto, é a própria natureza do homem. A *cupiditas* é um apetite com a consciência do mesmo. Relacionando-se com a alegria ou tristeza a idéia do objeto causador, temos amor ou ódio etc. Deste modo são derivadas todas as paixões, toda a vida afetiva, pois das emoções primárias mencionadas originam-se as secundárias por meio de associações, tais como simpatia, piedade, comiseração, medo, aversão, esperança etc. Um afeto só pode ser vencido por outro, mais forte, não por uma intervenção da "vontade", pois esta nada é senão a forma que o desejo toma quando unido a uma idéia adequada. Toda idéia clara (adequada) é um querer, pois tenho de *aprová-la* (estóicos!). Por isso, intelecto e vontade são em essência uma só coisa. Tenho de aprovar (querer) o que reconheci claramente na sua necessidade. Por isso, quando compreendo claramente a necessidade inelutável dos fenômenos, tenho de aprová-los espontaneamente. A liberdade consiste em compreender claramente e por isso aprovar intimamente o necessário. Assim, a *Ética* de Spinoza é um tratado sobre o aperfeiçoamento do intelecto e, conseqüentemente, da liberdade da vontade.

Enquanto as idéias adequadas (resultado da atividade mental) são atribuídas ao intelecto, as inadequadas (resultado da passividade) derivam da imaginação. Todas as percepções e a experiência daí decorrente, bem como o conhecimento de nós mesmos como indivíduos empíricos, representam um saber inadequado, confuso. Da mesma forma as paixões são pensamentos confusos, idéias de uma perturbação do corpo. O conhecimento mais elevado (raciocínio e intuição) não vê as coisas na sua singularidade temporal — o próprio tempo é uma imaginação confusa —, mas na sua conexão eterna e necessária. Os sábios, raciocinando assim *sub specie aeternitatis*, sabem claramente que tudo é necessário e, sabendo-o claramente, aprovam-no, são portanto livres.

Vemos, portanto, que Spinoza não distingue no fundo faculdades na alma. Quando ela conhece idéias, é intelecto; quando nega ou afirma, é vontade. A vontade é uma idéia afirmando-se ou negando-se. Há, portanto, somente volições particulares, isto é, esta ou aquela afirmação ou negação.

Gottfried Wilhelm Leibniz (1646-1716) parte da divisão cartesiana entre as duas substâncias mencionadas. Ao passo que Spinoza as reduzia a atributos de uma só substância, Leibniz vai ainda mais longe: elimina, por inteiro, o conceito da substância extensa (material). O conceito da substância implica que ela seja una, simples, indivisível. Algo composto, que pode ser dividido em partes, não pode ser uno e, por isso, tampouco substância. A matéria, porém, cujo atributo essencial é a extensão, é, como tal, sempre divisível. Por isso não pode ser substância. Além do mais, uma substância tem de ser uma energia, uma força atuante; mas a matéria é inerte, passiva. Segue daí que as substâncias metafísicas têm de ser sem extensão (imateriais) e ativas, devendo ser imaginadas como uma espécie de átomos psíquicos, almas ou "mônadas". Na realidade (metafísica) não há nenhum ser material, inerte. Toda a realidade é de ordem espiritual. Assim, a filosofia de Leibniz é, essencialmente, "psicologia". Os corpos extensos são apenas "aparência", são fenômenos.

Como almas, as mônadas são seres que têm representações, que atuam e que são dotados de energia (enteléquias). As suas funções fundamentais são a percepção e os apetites, pois toda percepção afeta a alma, decorrendo daí impulsos para manter ou rejeitar determinado estado. A vida mental é, pois, essencialmente cognição e "conação". A vontade é o impulso guiado por uma idéia clara. Cada mônada é uma unidade absoluta, o que não impede a multiplicidade dos seus estados. Sendo indivisíveis, são indestrutíveis, a não ser por um ato sobrenatural. Como seres viventes e atuantes estão sujeitas a uma modificação permanente a qual, todavia, sendo paulatina e sem saltos, não afeta a sua identidade subjacente. O individualismo extremo de Leibniz exprime-se na sua teoria de que cada mônada é diversa de todas as outras. Cada mônada é um microcosmo e reflete, segundo o seu feitio e localização, de modo diverso o macrocosmo universal. Todas as mônadas formam uma escala ininterrupta (*loi de continuité*) de perfeição. Divergem segundo o grau do seu desenvolvimento consciente, na clareza e distinção das suas representações. As mônadas inferiores, portadoras da natureza anorgânica, têm um grau infinitamente pequeno de consciência (*petits perceptions*), são como que inconscientes. Os seus apetites são surdos e obscuros. Já as mônadas chamadas almas têm percepções conscientes e memória; mais elevada ainda é a hierarquia dos "espíritos" dotados de razão (além das *petites perceptions* e *quelque chose d'analogique au sentiment et à l'appetit*). Neste ponto da escala encontra-se o homem, cujo corpo é apenas a aparência sensível de um complexo de mônadas inferiores.

Segundo Leibniz, não há interação entre as mônadas. Cada qual é em si fechada, não tem "janelas", é isolada: eminentemente criativa, ela produz todas as percepções de dentro de si mesma (teoria que inspirou a concepção do gênio criador do pré-romantismo alemão). Não há, portanto, relações de causalidade entre as mônadas psíquicas e as que constituem o corpo. O que se dá é que Deus, desde o início, ordenou as coisas como relógios exatamente ajustados, de tal forma que elas, sem interatuarem, estão numa relação de harmonia mútua; a seqüência dos seus processos está em perfeita combinação, havendo uma completa correspondência de estados (*harmonia praestabilita*). A interdependência das mônadas é apenas aparente e ideal. Tudo decorre como num placo em que cada ator desempenha seu papel em perfeita correspondência com a atuação aparente dos seus colegas, sem que ninguém influísse realmente nos outros.

Na alma humana coexistem sempre inúmeras representações de que não temos consciência clara; temos delas apenas "percepção", mas não "apercepção" nítida e distinta. No fundo, toda a vida psíquica é *a priori* (pois não há influxo de fora). Isso, porém, não impede que haja nela elementos·empíricos, aqueles que "por assim dizer" provêm das percepções sensoriais que, aparentemente, são resultados de afecções dos nossos sentidos. Aprioríticos, num sentido mais restrito, são os produtos do intelecto, os conceitos que os sentidos nem sequer poderiam fornecer, tais como "ser", "substância", "unidade", "causa" etc. A opinião dos sensualistas de que nada estaria no intelecto a não ser o que proviesse dos sentidos, é falha: o próprio intelecto não se origina dos sentidos. Daí a diferença entre as *vérités de raison* (de validade absoluta) e as *vérités de fait*, provenientes da experiência e portanto suscetíveis de serem modificadas por novas experiências.

Christian von Wolff (1679-1754) não contribuiu com doutrinas originais para a psicologia. Sistematizou, no entanto, as concepções essenciais de Leibniz, procurando adaptá-las ao senso comum e combinando-as com conceitos escolásticos, aristotélicos e outros.

5.3. O Empirismo

O empirismo dos séculos XVII e XVIII tem a sua sede principalmente na Inglaterra. É aí que encontrou a sua expressão mais característica também no campo da psicologia, ao passo que o racionalismo se difundiu principalmente no continente europeu.

Francis Bacon (1561-1626) tem importância mais pelo seu programa do que pelas tentativas de execução do mesmo. É o representante filosófico típico da época das invenções e descobertas. Para usar as forças da natureza é preciso conhecê-las: saber é poder. Para adquirir conhecimento há somente um caminho: a experiência; o método correto para elaborá-la é o indutivo. Temos de livrar-nos dos óculos dos preconceitos ou "ídolos"; esses se baseiam em parte na natureza humana (*idola tribus*), na imperfeição dos nossos sentidos, na nossa inclinação instintiva de pressupor fins na natureza etc. Em parte decorrem da individualidade de todo homem, já que em cada cabeça o mundo se reflete de forma diversa. A individualidade é como uma caverna escura (*idola specus*). Outros preconceitos são os devidos à língua, tradição, autoridade (*idola fori*). Ainda outros defluem dos sistemas filosóficos que confundem as cabeças pelas opiniões preconcebidas, iludindo-nos à semelhança de uma ação dramática no palco (*idola theatri*).

Thomas Hobbes (1588-1679) adota como Bacon uma concepção mecanicista do mundo. Considera substâncias não-corporais absurdas. Os corpos consistem em partes infinitesimais e todos os processos reais se reduzem a movimentos. Os sentidos de animais e homens são afetados por movimentos que se transmitem para o cérebro e daí para o coração; deste, parte um efeito retroativo que é a sensação. As qualidades sensoriais (cor, sabor, som etc.) são manifestações subjetivas. Nos corpos que através dos seus movimentos produzem tais sensações não existem as mesmas qualidades, mas toda a matéria tem a disposição para ter sensações. À base das sensações surge o conhecimento; graças à memória que temos delas. A lembrança do percebido é apoiada e a comunicação a outros é tornada possível mercê de sinais que ligam esses às representações de objetos: para tal fim servem em particular as palavras. O mesmo termo serve de sinal para muitos objetos semelhantes e adquire assim o caráter de generalidade que sempre inere aos termos, nunca às coisas.

Compreender nada é senão a ligação de uma representação com a palavra ouvida; essa compreensão tem também o animal que obedece a uma ordem. Somente o homem, porém, é capaz de ligar sinais com sinais.

O sensacionismo e o materialismo radicais de Hobbes, que o levam a considerar também espaço e tempo como subjetivas (imaginárias) são completados pelo seu mecanicismo extremo. Como tudo é movimento, é movimento também a vontade. Os movimentos que, partindo do cérebro, vão aos órgãos, podem ter duas funções: auxiliar ou obstar as funções vitais. No primeiro caso dão origem a um sentimento de prazer e a uma tendência de ir de encontro ao estímulo (apetite); no segundo caso há um sentimento de insatisfação e uma tendência de fugir ao estímulo (aversão). Apetites e aversões (de que o medo é uma especificação) são as forças dinâmicas que determinam a conduta do homem; o apetite, aversão ou medo que no último momento domina os demais apetites ou aversões leva à ação e constitui a vontade. A vontade – que não é faculdade especial, mas o mero ato de querer – é, portanto, a última excitação antes da execução do ato.

Embora sensacionista e empirista no sentido da gênese do conhecimento, Hobbes, ao contrário de Bacon, não é propriamente um empirista, no sentido de que atribuísse à experiência valor absoluto. Grande admirador da geometria, exige para a filosofia um método contrário à indução, já que a experiência fornece apenas fatos isolados, ao passo que a ciência procura verdades gerais, formuladas em juízos. Visto que palavras e juízos são obra do homem, temos conhecimento real somente com relação àquilo que nós mesmos fizemos: daí ser a geometria superior a todas as outras ciências. Os seus axiomas, contudo, não são idéias inatas e sim hipóteses que precisam ser aferidas pela experiência ou provar a sua "utilidade". Nisso, como na teoria dos sinais e da exigência de definições exatas, este grande nominalista e materialista é inspirador de pensamentos moderníssimos.

John Locke (1632-1704) propõe-se a tarefa de examinar os limites e bases do conhecimento humano. Seu interesse é, portanto, essencialmente epistemológico, mas seu método é, ao contrário do de Kant, "psicogenético", traçando — embora num esquema ideal e não real — a formação do conhecimento desde o início até o seu pleno desenvolvimento. Tentando elaborar o empirismo de forma sistemática, afirma que o início é o "papel branco" da mente. Todas as idéias decorrem, sem exceção, da experiência. No entanto, temos de discernir uma experiência dupla — uma externa, pelo "sentido externo", ou seja, a sensação, e outra interna, pelo "sentido interno" (*internal sense*, ou seja, autoconsciência), também chamado "reflexão" que apreende as próprias operações da mente. Assim, o sentido externo esclarece-nos sobre as coisas externas, o sentido interno sobre os nossos próprios estados psíquicos. O sentido externo é, até certo ponto, privilegiado, já que é ele que enche o espaço vazio da alma com conteúdos, sobre os quais o sentido interno pode exercer a sua atividade. De outro lado, os conteúdos transmitidos pelo sentido externo somente se tornam realmente conteúdo para nós, quando apreendidos pelo sentido interno que os torna conscientes, de modo que o sentido interno, de certa forma, é por sua vez condição do funcionamento do externo. Neste ponto, Locke introduz um elemento inconseqüente no seu empirismo: a concepção do "papel branco" é abandonada em favor de uma posição de compromisso, visível também no reconhecimento da verdade absoluta dos juízos matemáticos que estabeleceriam relações lógicas (não empíricas) entre idéias não idênticas (não tautológicas). Semelhante inconseqüência, no que se refere à matemática, mantém-se, aliás, também na doutrina de Hume.

Locke evita falar de "faculdades". Dizer que o ato volitivo se deve à faculdade da vontade é mera tautologia. A sensação como tal não passa ainda de mero processo físico. Já a percepção é um processo psíquico e como tal envolve desde o início certo grau de julgamento (senão, a esfera seria vista como mero círculo!). Assim, a percepção adulta já é uma atividade complexa, envolvendo juízos e colorindo a sensação com experiências anteriores e hábitos mentais. Todo aspecto da mente envolve a natureza total da mente; Locke tem uma idéia clara da unidade da mente e seu empirismo, longe de ser radical, representa um compromisso com teses fundamentais do racionalismo.

Retenção e memória — que fixam de preferência as idéias originalmente acompanhadas de prazer ou dor — tornam a mente capaz de comparar (formando idéias de relação) e abstrair (formando idéias abstratas) e combinar (formando idéias complexas). Assim, todas as idéias, por mais abstratas ou complexas que sejam, sempre têm origem nas idéias simples, na experiência sensorial ou interna. As nossas percepções não refletem fielmente os objetos que as causam. Locke admite, contudo, que certas experiências sejam o retrato correto de aspectos do mundo exterior. As qualidades que realmente são atributos das coisas são chamadas por Locke de "primárias" (*solidity, figur, motion, rest, number* — enumeração que implica a realidade objetiva de espaço e de tempo); as qualidades que atribuímos injustificadamente às coisas são as secundárias (*odors, tasts, sounds*). O termo "qualidade" indica, portanto, um atributo do estímulo, não da sensação como o entendemos hoje. Na associação, Locke antecipa a lei da repetição, ao acentuar a importância do hábito no estabelecer conexões entre as idéias. A associação não depende somente de relações espaciais e temporais: também a emoção entra em jogo e toda a composição dos nossos pensamentos pode ser afetada por aversões e simpatias.

George Berkeley (1685-1753) adquiriu grande importância como psicólogo mercê da sua obra sobre a visão, talvez o primeiro trabalho puramente psicológico. A discussão da percepção do espaço é de grande acuidade. De que forma se podem "perceber" três dimensões mediante a superfície da retina? Berkeley responde em termos de experiência *tátil*. Tateando e tocando os objetos, a criança *associa* gradativamente a noção da distância aos elementos dados pela retina. Só quando as impressões visuais se combinam com recordações táteis derivadas do apalpamento de objetos, encontramos uma qualidade tridimensional nos objetos.

Nas suas concepções gerais, Berkeley é um nominalista radical. Não só nega a realidade das idéias abstratas *in re*, mas nega-as completamente. As *abstract ideas* não existem nem sequer na mente. Não se pode representar uma extensão abstrata, sem muni-la de cor, forma, grandeza; nem tampouco um movimento, sem imaginá-lo lento ou rápido, dotado de certa direção; muito menos podemos imaginar um "homem" que não seja branco ou preto, alto ou baixo etc. Só existem representações particulares, concretas, determinadas. Os conceitos gerais nada são senão palavras (*nomina*), mediante as quais se reúne e designa certo número de coisas semelhantes.

Com o mesmo radicalismo, Berkeley nega também a existência objetiva do mundo corpóreo. É verdade, além dos modos da nossa própria consciência — as atividades de pensar, querer, sentir, atribuídas por Locke à reflexão ou ao *internal sense* — e além das representações produzidas pela memória e imaginação, observamos em nós ainda percepções sensíveis — representações presentes — de múltiplos objetos corpóreos. Seria, porém, ingênuo supor que os conteúdos das nossas percepções tivessem uma existência autônoma, independente da nossa consciência. A mesa, diante da qual estou sentado, tem realidade? Isso só pode significar que a vejo, apalpo, percebo. Ela é real enquanto percebida por mim. *Ser é ser percebido*. Portanto, não só as qualidades secundárias de Locke são subjetivas; isso se refere também às qualidades primárias. Todas as qualidades são meras percepções.

As coisas, enfim, nada são senão a totalidade das qualidades percebidas. Tirando todas as qualidades sensíveis, o que resta? A substância? É evidente que uma substância "nua", sem qualidade nenhuma, é nada — é uma "idéia abstrata".

No entanto, Berkeley não aplica o mesmo radicalismo ao mundo psíquico. Dissolve todo o mundo material em favor de um espiritualismo puro. Detém-se, no entanto, ante a "substância" psíquica. "Percebemos uma sucessão contínua de idéias... Há, portanto, alguma causa dessas idéias, de que elas dependem e que as produz e modifica. Que essa causa não pode ser qualquer qualidade ou idéia ou combinação de idéias, é claro...", pois as idéias como tais são passivas. Deve tratar-se, portanto, de uma substância ativa e incorpórea, um espírito, ser simples, atuante, não dividido. Enquanto percebe idéias, é chamado entendimento (*understanding*), e enquanto as produz ou atua de outro modo sobre elas, é chamado vontade. As idéias que representam "coisas reais" distinguem-se das meras fantasias pelo fato de serem mais nítidas, mais vivas e intensas, surgindo numa ordem própria que não podemos modificar à vontade como as criações da nossa imaginação.

Berkeley, em suma, alia o seu idealismo radical a um empirismo igualmente radical: a vida mental, expressão de uma substância psíquica ativa, baseia-se em elementos sensoriais passivos que, associados, dão origem a idéias. A fonte das idéias — já que o mundo corpóreo, causa aparente delas, não existe — é Deus que atua nas nossas almas. Nota-se que a doutrina da atividade da substância psíquica, sob o influxo divino, contradiz até certo ponto o associacionismo de Berkeley: a espontaneidade da alma parece tornar supérflua a teoria da mecânica das associações. A contradição decorre da própria base desse sistema que é um curioso misto de idéias provenientes de Plotino e de doutrinas empiristas modernas. Não admira que Berkeley tenha introduzido, mais tarde, modificações consideráveis no seu sistema.

David Hume (1711-1776), não satisfeito com o dualismo cartesiano de Locke, entre a sensação, referida à *res extensa* (do mundo exterior), e a reflexão, referida à *res cogitans* (do mundo psíquico), introduziu uma sutil modificação de terminologia que importava no abandono desse dualismo. A base de todas as experiências são as *impressões*, quer referidas a algo fora de nós, quer a algo dentro de nós. Daí derivam as representações, "idéias" ou "pensamentos" que se referem às impressões e são "cópias" delas. O termo impressão abrange todas as percepções mais vivas, "quando ouvimos, vemos, sentimos, amamos, odiamos, desejamos ou queremos. As impressões distinguem-se das idéias — que são as percepções menos vivas, de que estamos conscientes quando refletimos sobre quaisquer dessas sensações ou movimentos (emoções) acima mencionadas".

Ao mesmo tempo levou Berkeley até às últimas conseqüências. Se não há razão de supor a realidade de substâncias materiais, tampouco é razoável supor substâncias psíquicas. Não temos nenhuma experiência nem daquelas, nem destas. É apenas a imaginação que cria tais substâncias. A realidade do mundo corpóreo é apenas um *belief*, uma crença baseada na relativa constância de feixes de impressões vivas. Tampouco experimentamos um "Eu" permanente, idêntico; observamos apenas complexos, seqüências e conexões de conteúdos de consciência, sendo a suposição de um substrato permanente (o Eu) completamente gratuita.

Com essa concepção, Hume tornou-se o criador da psicologia sem psique: a alma dissolve-se num fluxo de processos relacionados pelas leis de associação. O chamado Eu nada é senão um feixe de percepções relativamente coerentes e coesas. Hume considerou a si mesmo como o descobridor das leis de associação. Com efeito, o associacionismo adquire na psicologia de Hume uma importância sem par. Até então, a associação nada fora senão uma forma de síntese criada pelo poder da alma (Berkeley); no momento em que a alma deixou de existir, as associações *tornam-se um substituto essencial da atividade sintética*. Hume julgou-se um Newton na esfera da psicologia: "Eis uma espécie de atração que no mundo mental há de ter efeitos tão extraordinários como no mundo natural e que se apresenta em formas igualmente múltiplas e variadas".

As idéias, oriundas de impressões, constituem o material de que depende o nosso conhecimento; elas podem ser compostas e relacionadas. As relações podem ser de duas ordens: as da necessidade lógica (auto-evidentes), independentes de qualquer verificação empírica; e as dependentes de uma lei psicológica (associação), referidas a *matters of fact*; o contrário das primeiras constituiria uma contradição lógica, o contrário dessas é perfeitamente possível. Relacionamos por exemplo dois fatos deduzindo um do outro, como se dá na relação causal. Neste caso, a nossa experiência nos indica apenas uma sucessão (*post hoc*) de processos, não nos indica que um evento surja *por causa* do outro (*propter hoc*). O mesmo ocorre com a vontade que não pode ser considerada um poder substantivo. Há apenas uma seqüência de eventos observáveis, parte da qual é constituída pelo motivo mais forte (como evento interno) e parte pelo movimento ou pela deslocação digamos do braço (como evento externo). Mesmo neste caso não observamos uma relação causal entre eventos internos e externos: observamos a mera sucessão. A suposição de que o evento posterior seja "efeito" de outro, anterior, que é a "causa", baseia-se numa disposição psíquica, num hábito de associação, produzido por muitas experiências semelhantes. Trata-se de um *belief*.

A "causalidade" é, portanto, nada senão uma associação subjetiva que pode ser reduzida aos dois outros princípios fundamentais de associação: o da contigüidade temporal-espacial e o da semelhança (ou contraste). Se percebermos com freqüência que um *b* segue um *a* (contigüidade), estabelece-se uma relação íntima entre *a* e *b*; a tal ponto que esperamos, ao aparecer um *a* semelhante, um *b* semelhante; aparecendo *b*, pressupomos um *a* semelhante.

Peça importante da psicologia de Hume é a sua "física das paixões", como base da moral. As únicas molas do querer são as paixões (não a razão). É verdade, porém, que as *paixões brandas*, inspiradas pela razão, podem vencer as paixões veementes. Há paixões diretas e indiretas: das impressões primitivas de prazer e dor decorrem, como efeitos imediatos, as emoções de atração ou repulsão; destas decorrem, mercê da referência à causa da impressão presente ou ausente, alegria, tristeza, esperança e medo. Todas essas paixões diretas são a base de outras, indiretas, extremamente complexas, como orgulho, humilhação, amor, ódio etc. O juízo moral assenta no sentimento de agrado ou desagrado que uma ação suscita no observador. Mercê da *simpatia* natural do homem com o homem (empatia), provoca aplauso uma ação que visa ao bem geral, ao passo que uma ação contrária provoca censura.

O empirismo extremo de Hume levou a uma conseqüência curiosa: ao reduzir a lei da causalidade a um simples hábito ou crença, destruiu a própria base do empirismo — a indução. Contudo, toda a sua argumentação move-se num círculo: segundo a sua própria opinião, o hábito é a *causa* da suposição da causalidade. Para refutar a lei causal, recorre à lei causal.

5.3.6. *David Hartley (1705-1757)* merece ser destacado pela tendência fisiológica da sua psicologia. Elaborou de forma mais concreta a tese da cooperação íntima entre corpo e mente, havendo sempre um equivalente físico das operações mentais e vice-versa. É convencido de que, se certas experiências se seguem em dada ordem, isso significa que certas fibras nervosas *vibram* em dada ordem. Aplica o atomismo e a mecânica de Newton aos processos psíquicos que se lhe afiguram como mosaicos complexos formados de elementos simples, as sensações. Os dois princípios capitais da sua doutrina são portanto as das vibrações paralelas aos processos de associação. As vibrações, aliás infinitesimais, persistem após a retirada do objeto causador, e que implica a continuação das sensações que se tornam cada vez mais fracas até desaparecerem. Sendo freqüentemente repetidas, as vibrações produzem na substância medular do cérebro uma disposição para vibrações mínimas correspondentes, apenas diferindo em grau. Visto que as sensações freqüentemente repetidas deixam certos vestígios — tipos ou imagens de si mesmas que Hartley denomina idéias de sensação — segue que são essas vibrações mínimas o fenômeno correspondente a idéias ou representações de sensações anteriores.

Quanto à associação, considera a sua única lei a da contigüidade da experiência. Assim, as sensações *A, B, C* etc., sendo associadas repetidas vezes, adquirem tal poder sobre as idéias correspondentes (*a, b, c*) que qualquer das sensações, quando produzida sozinha, é capaz de excitar na mente as idéias respectivas, mesmo aquelas que no momento não têm correspondência sensorial. Da mesma forma, uma das idéias por si só pode provocar ou surgir das outras idéias. Também a associação por semelhança é reduzida à da contigüidade no tempo: a idéia complexa *abcd* é semelhante à idéia complexa *defg*: o elemento *d*, que é comum a ambas as experiências, é contíguo aos elementos de ambas as idéias. A fim de passar da primeira à segunda, semelhante, é necessário apenas que *d* ocorra por vezes no contexto *abcd* e por vezes no contexto *defg*. A associação por contraste é, por sua vez, reduzida à da semelhança, já que contrastam somente experiências, cujos elementos em parte são idênticos ("bem" e "mal" coincidem no momento de que ambas as idéias complexas fazem parte da esfera moral).

As associações podem incluir também movimentos musculares, de tal modo que uma seqüência de sensações, idéias ou movimentos musculares podem excitar outra seqüência, quer de sensações, idéias ou movimentos musculares. Pode também haver associação somente de movimentos musculares (por exemplo a "memória" muscular dos dedos do pianista). Desta forma Hartley concebe a semelhança entre hábitos motores e processos mentais. As emoções são "agregados de idéias simples unidas por associação" e a vontade "um desejo ou aversão suficientemente forte para produzir uma ação que não seja automática".

Abraham Tucker (1705-1774) é um continuador de Hartley; especifica, entre as idéias compostas, aquelas nas quais se podem distinguir os elementos (a combinação ou modernamente os *blends*) e aquelas que não têm os componentes distingüíveis (fusões ou modernamente os *patterns* ou padrões). Um composto pode ter propriedades que resultam da composição e que não pertençam às partes que o constituem. Essa teoria antecipa certas teorias de J. S. Mill e, remotamente, a da psicologia da *Gestalt*.

5.4. A Psicologia na França

Na filosofia e psicologia francesas do século XVIII, o empirismo de Locke é transformado em sensualismo unilateral, depois ligado ao materialismo. Uma exceção, neste quadro, representa Maine de Biran, que em parte já pertence ao século XIX. O primeiro entre os sensualistas radicais é

Etienne Bonnot de Condillac (1715-1780) que tenta deduzir toda a vida espiritual a partir das sensações como única fonte, dispensando mesmo o sentido interno do Locke e ainda as impressões dos estados internos de Hume. É famosa a sua ficção de uma estátua a que se dá sucessivamente os vários sentidos. Condillac nem sequer pressupõe leis de pensamento ou princípios de associação. As operações e funções não são adicionadas pela mente às sensações; essas realizam as suas próprias funções. Com a existência de uma sensação é dada, imediatamente, a consciência da mesma (atenção); segundo a sua qualidade, liga-se a ela prazer ou mal-estar, bem como a vontade de prolongar aquele ou encurtar este; a permanência da impressão possibilita memória, reprodução e representação. As representações, pela sua diversidade ou semelhança, produzem juízos e conceitos abstratos e, de outro lado, aspirações, desejos e a consciência do Eu. O sentido tátil finalmente sugere à estátua a existência independente de um mundo exterior (o que, no entanto, não se justifica: o mundo é apenas fenomenal, aparente).

Julien Offray de la Mettrie (1709-1751) procura demonstrar que a sensação – base de todas as atividades psíquicas – é uma função do organismo físico, mormente do cérebro. É materialista, como são materialistas, de um modo geral, *Claude Adrien Helvétius (1715-1771)* e *P. H. Dietrich Helbach (1723-1789).*

Pierre Jean Georges Cabanis (1757-1808), inspirado pela *guillotine*, fez pesquisas no terreno dos reflexos (Descartes). Estabeleceu vários níveis de sistemas reflexos (teoria hoje confirmada), sendo o mais simples o ligado à medula espinhal. Num nível mais elevado surgem atividades semiconscientes e integradas. No mais alto entram em função atividades complexas como pensamento, volição etc. Cabanis afirma que somente no nível em que o cérebro é envolvido se manifestam processos mentais que ultrapassam a mera reação mecânica e se ligam a um Eu central (*Le moi central*) Daí se conclui que a *guillotine* não causa dor; os movimentos do corpo, após a decapitação, são meros reflexos do nível mais baixo. Cabanis elaborou em seguida todo um sistema de psicologia fisiológica, baseado em abordagem genética, afirmando contra Condillac a existência de padrões de reação hereditária. A crescente complexidade do sistema nervoso é a base da crescente complexidade mental. Ao declarar que o cérebro produz o pensamento como o estômago produz as secreções que possibilitam a digestão, Cabanis entra em veemente oposição à tese de Descartes de que as mais importantes operações da mente se realizam independentemente do cérebro.

Maine de Biran (1766-1824), influenciado por Santo Agostinho, Leibniz e Kant, lidera na França a reação voluntarista e espiritualista contra o mecanicismo das teorias sensorialistas que negam a atividade da alma e não reconhecem que qualquer verificação de uma relação (Brown) implica atividade. Biran nega a possibilidade de se poder construir o complexo a partir de elementos. Nega que a atenção é sensação, a memória a persistência de imagens, a vontade um desejo amadurecido. Nega também a abordagem unilateral pela pesquisa fisiológica: é indispensável a existência independente de uma psicologia como ciência de fatos da consciência.

O postulado fundamental da sua doutrina é um Ego ativo definido em termos de consciência real, sem que haja recurso a uma "substância" psíquica. A consciência tem quatro níveis: o afetivo, sensitivo, perceptivo e refletivo. Eles diferem nos graus de esforço manifestado; o primeiro nível é comum à vida de homens e animais, é obscuro e isento de autoconsciência; depois o Ego acorda e conhece seus estados; essa consciência, ao concentrar-se num objeto particular, torna-se percepção; o último e supremo esforço é o da reflexão que, já independente do estímulo externo, é uma manifestação pura do Ego.

O método de Biran é genético: investiga o desenvolvimento do Ego a partir da criança. O Eu, inicialmente não consciente de si, adquire essa consciência pelo processo de ajustamento, decorrendo daí a distinção entre o Eu e o Não-Eu. A criança grita e se move de início mecanicamente (Cabanis). Repetidos os mesmos estímulos, ela começa a notar, no campo da experiência, uma divisão entre o objeto a que reage e o Eu que está reagindo. Quer dizer que o exercício da vontade é o princípio dominante que desenvolve a autoconsciência. É mercê das nossas reações — especialmente da nossa resistência ao mundo exterior — que chegamos a tornar-nos conscientes de nós mesmos como indivíduos.

Biran diferenciou, de modo mais claro do que Reid e a Escola Escocesa, entre sensação e percepção — a primeira sendo a mera afecção, a segunda, resultado da nossa atividade. O hábito enfraquece a sensação e fortalece a percepção.

O espiritualismo cada vez mais acentuado das concepções de Biran levou toda a escola ao descrétido, numa época em que se impunha, de modo crescente, o espírito científico no campo da psicologia.

5.5. O Criticismo de Kant

O empirismo inglês e o sensorialismo francês penetraram só lentamente no pensamento filosófico e psicológico da Alemanha. Dominara naquele país durante grande parte do século XVIII o racionalismo leibniziano modificado por Wolff, chamado dogmatismo porque se acreditava poder deduzir, a partir de noções *a priori*, inatas à mente, o conhecimento acerca dos fundamentos do mundo, as coisas em si mesmas, por exemplo acerca da "alma", a sua imortalidade, as primeiras substâncias, como as mônadas etc. Bem de acordo com o racionalismo de Leibniz supunha-se que todos os fenômenos psíquicos são graus mais ou menos perfeitos da razão. Assim, as sensações nada são senão idéias confusas, inadequadas (Spinoza). Os sentidos proporcionam um conhecer imperfeito, a razão um conhecer perfeito. Esse tipo de racionalismo dogmático negligenciou a importância da experiência, da mesma forma como o empirismo inglês, levado ao extremo no associacionismo de Hume, Hartley e J. Mill, negligenciou a importância da atividade da mente.

Foi *Immanuel Kant (1724-1804)* quem, imbuído inicialmente do dogmatismo tradicional, submeteu-o a uma crítica aguda, depois de despertado do "sono dogmático" pelo ceticismo de Hume. Mas ao mesmo tempo, aplicou a sua crítica ao empirismo inglês. Empreendeu um exame completo dos limites e capacidades da mente, particularmente da "razão teórica". Trata-se de uma análise epistemológica, cujo método "transcendental" diverge do método psicogenético de Locke. A epistemologia não é uma ciência positiva como a psicologia; a sua tarefa é a de examinar as bases das ciências, de modo que ela não pode recorrer às ciências positivas e muito menos à psicologia que, entre as ciências, é uma das menos exatas; pois o ideal científico, para Kant, é a matemática: encontramos em cada ramo de saber tanta ciência quanto de matemática ele contenha. Trata-se, pois, de descobrir as próprias bases da ciência mais exata, a matemática. É preciso indagar por que os seus resultados são exatos, de que modo o faz para atingir a tal validade. A epistemologia não aborda, portanto, problemas *de facto*, mas *de jure*; examina as *razões* da validade. O método é o método *transcendental*, termo quase oposto ao de *transcendente*: este último refere-se às entidades que ultrapassam a nossa experiência; transcendental, ao contrário, é o exame daquilo que *precede* (logicamente), como condição *a priori*, toda possível experiência. Verifica-se que as condições de toda a experiência são certas *atividades* ou *funções mentais, formas* de percepção e *categorias* de pensar, que organizam e estruturam a *matéria* das impressões sensoriais.

Die Anschauungsformen (formas de percepção ou "intuição") são espaço e tempo, a mais importante das categorias (atividades organizadoras do intelecto) é a da causalidade. Não há matéria sensorial como tal. Mercê da espontaneidade da nossa mente, o "dado" sempre está organizado por formas e categorias nossas. Daí ser impossível sabermos como são as "coisas em si". Sabemos delas apenas como elas são para nós. Imprimimos a toda a realidade a nossa marca mental e por isso defrontamo-nos somente com fenômenos (as coisas como nos aparecem). As coisas em si, porém, que são reais, impõem por sua vez à nossa mente o material sobre o qual ela exerce a sua atividade. O nosso conhecimento não pode, portanto, ultrapassar a experiência, quer dos sentidos externos (que formam o material "exterior", condicionando-o pela forma de espaço), quer do sentido interno (que organiza na forma do tempo as impressões dos nossos próprios estados psíquicos). Assim, toda a ciência há de ser empírica, com exceção da matemática pura, baseada nas próprias atividades da nossa mente e por isso exata, já que independe do material empírico, contingente.

Toda essa doutrina naturalmente não é uma psicologia, nem pretende sê-lo. É um exame das condições de qualquer conhecimento. O *a priori* de Kant não tem um sentido genético, temporal ou psicológico. Refere-se somente às atividades ideais que se devem pressupor necessariamente para que possa haver experiência.

O resultado marginal para a psicologia é que, da mesma forma como não pode haver conhecimentos de coisas em si "exteriores", também não pode haver conhecimento da "alma como tal". Conhecemos somente estados de alma, como elas se apresentam na nossa consciência, organizados pela forma temporal. A partir de Kant, a indagação científica acerca de uma alma subjacente aos estados tornou-se esforço vão. No entanto, da mesma forma como há coisas em si, há também uma alma em si: há um Eu fenomenal e um Eu noumenal, só que este último está fora do nosso alcance, já que o podemos conhecer somente nas formas da nossa razão teórica (ou postular na indagação moral da razão prática!).

Outro resultado é a acentuação vigorosa da atividade sintética da mente humana. Ela não é um "espaço" passivo, onde se encontram e se associam segundo leis mecânicas as idéias. A síntese mental encontra a sua mais alta expressão no conceito da *apercepção*. Há a apercepção empírica, a consciência de nós mesmos segundo as determinações dos nossos estados por ocasião da percepção interna. Mas toda a consciência empírica apóia-se na apercepção transcendental, "pura" (no mero "eu penso"), a qual é a suprema função unitária de todas as condições de conhecimento apriorísticas e, assim, de todo o conhecimento. A apercepção transcendental é a identidade do Eu, ao passo que a apercepção empírica é a consciência do Eu mutável, segundo os conteúdos variáveis da consciência.

A psicologia propriamente dita, como ciência empírica, é apenas tratada numa obra marginal, a *Antropologia* de Kant. Nesta obra, pouco de original acrescenta à psicologia da época. Pela divisão da sua obra em três críticas fundamentais (a da razão teórica, a da razão prática ou vontade, a do juízo), Kant pisou nos trilhos da antiguíssima psicologia das faculdades, no caso as do pensar, querer e do sentir, pois a *Crítica do Poder do Juízo* é em particular uma análise do gosto e dos sentimentos estéticos, como tal uma obra pioneira no campo da estética. Contudo, o seu pensamento foi de influência enorme, devido às suas implicações psicológicas, e essa influência se exerceu em múltiplos planos, quer pela elaboração de sugestões, quer pela oposição às suas teses. Nota-se a sua influência na psicologia gestáltica e cultural (Dilthey, Rickert, Spranger, Wertheimer, Koehler etc.), na psicologia matemática e experimental (Herbart, Fechner, Weber), no voluntarismo de Maine de Biran e Schopenhauer (pois Kant proclamou o primado da razão prática ou da vontade) e na superação do associacionismo em geral.

Conclusão. As tendências que nos dois séculos decorridos se defrontam – o racionalismo e o empirismo – se ressentem de graves falhas, quando acentuadas de forma unilateral. O racionalismo radical, partindo de potencialidades inatas, é incapaz de explicar sem artificialismos a multiplicidade dos conteúdos da consciência; o empirismo radical, partindo da variedade da experiência sensorial, é incapaz de explicar satisfatoriamente a organização sintética dos dados atômicos e desconexos. Pode-se dizer, de forma muito sumária, que o empirismo tende a uma teoria mecanicista de associação, princípio que deve explicar a organização (neste caso passiva e automática) da variedade da experiência, ao passo que o racionalismo tende a uma teoria de poderes fundamentais e de atividade da alma que, como no caso de Leibniz, deverá explicar a multiplicidade dos estados da mônada.

Sem superar a teoria das faculdades – que no entanto adotou só para fins metódicos – Kant une ambas as tendências no seu criticismo, ao mostrar como a atividade organizadora da mente se aplica ao variado material da experiência. O associacionismo que, ainda assim, teve larga difusão no século XIX, tende a transformar a mente em um mosaico de conteúdos elementares "estruturados" pelas associações (por isso é chamado tradicionalmente de psicologia estrutural em oposição à psicologia funcional que destaca o ato significativo da mente; essa acepção do termo "estrutura" não deve ser confundido com a moderna conceituação, quase oposta). Kant é um predecessor de todas as escolas "funcionais" e "gestálticas" e de "atos" que, face à concepção associacionista da mente como espaço passivo de encontro de idéias ou *conteúdos*, acentuam a atividade organizadora da mente. Merece destaque também o fato de que pensadores como Kant, Leibniz e Berkeley, apesar do forte elemento racionalista dos dois primeiros, mostram vigorosa tendência voluntarista, de acordo com certa tradição da filosofia cristã proveniente de Santo Agostinho.

6. A PSICOLOGIA NO SÉCULO XIX (PRIMEIRA PARTE)

6.1. Apogeu e Superação do Associacionismo Inglês

O associacionismo de Hume e Hartley encontrou a sua expressão máxima em

James Mill (1773-1836), criador de uma "mecânica mental" que reduz toda a vida psíquica a um complexo de partículas sensoriais associadas. As associações podem ser de tipo "sincrônico" (simultâneo) ou sucessivo; as últimas seriam mais numerosas e neste caso o antecedente pode ser uma sensação ou idéia, ao passo que o conseqüente é sempre uma idéia. Em ambos os casos, a associação é produto da contigüidade. Há, para Mill, associações tão íntimas que se tornam indistingüíveis e inseparáveis (não podemos separar a cor da extensão). Mill admite a interação, pela associação, de estados mentais e orgânicos. "A ansiedade desorganiza na maioria das pessoas a digestão. Não surpreende que os sentimentos interiores que acompanham a indigestão excitem as idéias que prevalecem num estado de ansiedade." Sensações e idéias – as últimas cópias das primeiras na ausência do objeto – são "sentimentos" (*feelings*). "Temos duas classes de sentimentos; uma quando o objeto sensorial está presente, outra quando o objeto sensorial deixou de estar presente." Dizer que estamos conscientes de um *feeling* nada é senão dizer que estamos sentindo um sentimento; assim, o próprio estado de "ter a idéia" é a consciência em geral e a do próprio Eu. Não há nada "atrás" desse estado. A memória é equivalente à idéia de um objeto – junto com a idéia da minha própria experiência anterior.

Com *Jeremy Bentham (1748-1832)*, Mill considera o auto-interesse – a procura do prazer e a fuga à dor – como motivo fundamental das ações humanas. Destaque-se que o utilitarismo de Bentham é estreitamente ligado à teoria associacionista. Certo metal, neutro em si mesmo, uma vez associado ao valor, torna-se, como dinheiro, fonte direta da nossa satisfação. James Mill pode ser considerado como o último associacionista radical.

John Stuart Mill (1800-1873), já influenciado por pensamentos continentais (Kant, Biran), reage contra a doutrina do pai. Embora admitindo a associação como lei fundamental, destaca a atividade mental. Já não há propriamente uma mecânica e sim uma "química mental", da qual resulta nova síntese unitária. Não se trata sempre de simples composição de elementos: ". . . as leis dos fenômenos da mente são algumas vezes análogas às leis mecânicas, mas algumas vezes às leis químicas", segundo as quais "é possível dizer que as idéias simples *geram*, em lugar de compor, as complexas". Desta forma, J. S. Mill chega a superar a mera mecânica associacionista: "pela química mental, os elementos sensoriais se fundem em um Todo novo, que é entidade nova, soma maior que as partes". Essa compreensão da fusão de idéias – até certo ponto já antecipada por Tucker e pensadores bem mais antigos – substituiria a do arranjo mosaico que seu pai expusera. Mill lança assim mão de ensinamentos da química, dominante no seu século, como os filósofos dos séculos XVII e XVIII se tinham servido dos princípios da mecânica.

Alexander Bain (1818-1903) continua até certo ponto a linha do associacionismo, reconhecendo, porém, o elemento ativo da mente. Apóia as suas teorias numa ampla subestrutura fisiológica, examinando cuidadosamente os órgãos de sentido e o sistema nervoso. Aos cinco sentidos acrescenta, seguindo uma longa tradição, o orgânico e coloca em termos científicos o paralelismo psicofísico de Hartley, formulado em sentido metafísico pela primeira vez por Spinoza. Esse ponto de vista acentuando o duplo aspecto do comportamento humano estimula a psicologia fisiológica. Aceitando, embora, por razões metódicas, a tripartição tradicional da mente (intelecto, vontade, sentimento), destaca a unidade psíquica. Apoiado nas pesquisas germânicas no terreno da fisiologia (particularmente de J. Mueller), dá atenção aos reflexos e instintos acessíveis à abordagem experimental.

Ainda associacionista na sua fase de decadência – já então entre o fogo cruzado dos "idealistas" e dos psicólogos inspirados pela biologia –, Bain salienta a espontaneidade da mente, cujo equivalente fisiológico é um *surplus* de energia, isto é, a ação espontânea do sistema nervoso, ação por vezes independente de estimulações externas. A partir da sua teoria dos hábitos – que influenciou William James – apresenta a sua psicologia da aprendizagem em que se sente a presença do hedonismo de James Mill e do seu princípio do prazer-dor: a aprendizagem dá-se 1) por movimentos feitos ao acaso (um *surplus* de energia; semelhantes são as *teorias lúdicas* de Spencer e Darwin); b) entre esses movimentos, há uns que produzem resultados agradáveis; c) esses últimos movimentos tendem a ser *selecionados* e repetidos e, portanto, a se fixarem pela repetição.

Na sua teoria da associação, Bain já sente a influência dos complexos emocionais; reconhece que as emoções e volições profundas desempenham grande papel como forças que servem de obstáculos ou incentivos aos processos intelectuais. "No reviver de uma imagem ou de uma idéia passada, nunca é sem importância que a revivescência satisfaça uma emoção favorita, ou que seja intensamente desejada na mira de um alvo."

Um dos grandes psicólogos sistemáticos do século XIX, Bain tem uma ampla visão da vida psíquica. Enquanto de um lado avalia com destaque a capacidade intelectual de discriminação que possibilita, como atividade original, a própria percepção, concede ao mesmo tempo considerável importância aos instintos. Nas suas cogitações genéticas alude a tendências inatas de agir, suscetíveis de sofrerem a modificação da experiência. Contudo, mostrou-se pouco propenso a adotar as doutrinas evolucionistas, então em plena eclosão.

6.2. *A Escola Escocesa*

Durante larga parte dos séculos XVIII e XIX, a chamada Escola Escocesa mantinha viva oposição ao empirismo inglês.

Seu fundador foi *Thomas Reid (1710-1796)* que adotou a teoria de haver manifestações originais da consciência, princípios naturais de todo o conhecimento. A totalidade desses princípios inatos constitui o "senso comum" (*common sense*). Reid procurou restabelecer a certeza de uma mente una – certeza abalada pelo atomismo dos associacionistas.

Essa escola, de certa forma paralela ao racionalismo continental, em virtude da sua insistência na unidade e coerência da vida mental, sofreu contudo forte influência do empirismo de Locke e Hume, representando assim uma espécie de compromisso. Ainda assim, tende ao método de catalogar faculdades, isto é, de dar nomes a certas funções, ao passo que os associacionistas negam o valor de tal procedimento: a mente individual é, de início, uma *tabula rasa*; somente pela experiência aprende certos modos de funcionar e desdobrar-se, já que no princípio não tem capacidades especiais, nem idéias inatas.

Thomas Brown (1778-1820) insiste no conceito da mente como substância unitária. No entanto, já procura superar a doutrina das várias faculdades, reduzindo-as a estados ou afetos da alma, quer *a*) externos, quer *b*) internos; ou seja *a*) sensoriais, *b*) intelectuais e emocionais. Os afetos de uma classe (*a*) surgem porque está presente algum objeto externo; os de outra classe (*b*) porque se deu alguma mudança nos estados da mente. Entre os afetos internos, Brown inclui as sensações musculares – consciência da posição e dos obstáculos físicos externos (senso de resistência), teoria já lançada por Julius Caesar Scaliger, em pleno Renascimento, e adotada simultaneamente também por Maine de Biran.

A doutrina associacionista é modificada, pois que não é um princípio de coesão entre idéias, mas um modo de *atividade*, chamado "sugestão". Essa pode ser simples ou "relativa". A sugestão simples opera na produção de idéias complexas: pensamos num amigo quando ouvimos o som de sua voz; a sugestão adiciona os elementos da sua pessoa. A sugestão relativa explica o poder da alma de suprir certos dados não-sensoriais, mercê da sua capacidade inata de relacionar, julgar e comparar (Bain!); assim o triângulo retangular sugere a proporção entre o quadrado da hipotenusa e os quadrados dos outros lados. Esse poder de sugestão relativa é contrário ao associacionismo. No entanto, Brown aceita em parte essa doutrina e concorda com Hartley no seu princípio básico da "coexistência" (como chama a contigüidade) que pode assumir três formas: semelhança, contraste e proximidade no tempo e espaço. A isso acrescenta certo número de leis secundárias de associação, ou seja, condições que modificam a influência das leis primárias: duração relativa das sensações originais; viveza; freqüência, recenticidade; *diferenças de constituição individual*; variação no mesmo indivíduo, segundo as emoções momentâneas; hábitos prévios de vida e pensamento; estados temporais, como intoxicação, delírio etc. Nota-se nessa elaboração das leis secundárias de associação — de grande importância — o primeiro surgir de uma psicologia diferencial. Sumamente fecunda foi também a teoria da sugestão relativa: perceber por exemplo que um livro é *maior* do que outro, ou seja, a apreensão de uma relação presente na experiência, isso, acredita Brown, não pode ser uma função sensorial. Assim, a vida mental não é mera concatenação de dados sensoriais, mas apresenta, no próprio processo sensorial, uma atividade organizadora.

William Hamilton (1788-1856) introduz pela primeira vez idéias kantianas na filosofia inglesa o que o leva a acentuar a síntese face à análise. Aceita a teoria continental das faculdades e acredita não ser de interesse decompor a experiência em elementos. Considerar apenas a seqüência de átomos psíquicos, é fazer supor a possibilidade de estar na mente só uma idéia de cada vez. Ao contrário o que se dá é a "reintegração" de toda experiência prévia: cada impressão tende a trazer à consciência toda a situação da qual foi, alguma vez, elemento. Desta forma, o processo de percepção é de tal natureza que qualquer dos elementos simultaneamente experimentados é capaz de, apresentado posteriormente, evocar a experiência *total*, não uma série de elementos. O fato mental que ocupa a consciência não é uma unidade em si mesmo: faz parte de um Todo maior, não consciente (*mental latency*). Hamilton põe em evidência, portanto, o caráter complexo da associação. Posteriormente, Bain e William James muito se serviriam desse princípio da reintegração na experiência.

6.3. Filósofos Germânicos e sua Psicologia

Os grandes expoentes do idealismo alemão, Fichte, Schelling e Hegel, não deram nenhuma contribução particular para a psicologia. Tanto maior é, neste campo, a importância de

Johann Friedrich Herbart (1776-1841), que procurou aplicar à psicologia a tese de Kant de que há tanta ciência em cada ramo de saber quanta matemática nele houver. Daí a sua tentativa de chegar a uma pesquisa psicológica comparável às ciências naturais. Ao mesmo tempo procura ultrapassar Kant, negando as "faculdades" específicas. Como Kant, no entanto, mantém o conceito de uma alma, como última realidade psíquica subjacente à unidade complexa do Ego e às atividades psíquicas da nossa experiência comum. Esse último "real", porém, é desconhecido (como no caso de Kant) e pode permanecer fora da cogitação. Basta a elucidação do Ego, como sistema de atividades. No que se refere às faculdades, cedem ante a multidão de "idéias" ou atividades independentes. Essas idéias (*Vorstellungen*) são tratadas como os elementos irredutíveis da vida psíquica; a sua soma, enquanto persistem, constitui a vida psíquica. A psicologia de Herbart reduz-se, em última análise, a uma estática e dinâmica desses últimos elementos e suas combinações. Cada qual desses elementos é uma *atividade* da alma subjacente. As idéias estão em perpétuo fluxo, a consciência em constante mudança. Mesmo se procurarmos reter uma representação, ela aos poucos se subtrai à nossa consciência, caindo debaixo do *nível* do *limiar* desta última. Outras, em compensação, sobem ou atravessam o limiar. Todas as atividades da alma são casos específicos da sua tendência de se preservar contra perturbações exteriores (Spinoza), cuja variedade produz a variedade dos estados internos.

Não há idéias inatas. A idéia nada é senão um ato de autopreservação, conseqüente de uma perturbação externa, ato pelo qual é gasta certa quantidade de energia. Essa energia leva a idéia à plena consciência. Seguindo-se uma segunda perturbação, a soma total de energia é dividida. A quantidade monopolizada pela segunda idéia é roubada à primeira e, por isso, enquanto a segunda se impõe cada vez mais, a primeira definha até atravessar o limiar da consciência e tornar-se *subconsciente*, ou ter uma energia apenas infinitesimal. Esse princípio, aplicado a toda a diversidade da alma, explica o seu movimento perpétuo e a sua perpétua autopreservação. Nenhuma idéia desaparece completamente; a sua energia torna-se apenas infinitesimal até que qualquer influxo de energia a eleva de novo à consciência. O movimento das idéias é formulado matematicamente. A razão por que uma idéia é "expulsa" por outra é a sua incompatibilidade, seu significado diverso. Herbart tenta, pois, converter diferenças qualitativas em fórmulas matemáticas! Quando os conteúdos de duas representações divergem, as atividades psíquicas de representar se chocam. Ora, os conteúdos das representações podem ser semelhantes, disparados ou contrários. Os semelhantes fundem-se e reinforçam-se mutuamente; os disparados (doce, macio) unem-se sem fundir-se (cooperam); e os contrários (azul e amarelo) *inibem-se mutuamente*, fato devido ao qual a intensidade com que estão na consciência é diminuída segundo fórmulas que Herbart elaborou minuciosamente. Na representação inibida o representar se transforma em *impulso* para representar. Assim, as idéias infinitesimais ou subconscientes, que continuam além do limiar da consciência, de modo algum deixam de afetar os conteúdos da consciência (É evidente a antecipação de concepções essenciais da psicanálise!).

O Eu, como unidade total dos conteúdos mentais adquiridos, recebe ou repele os novos elementos que se introduzem. A entrada de um novo elemento constitui uma *percepção*. Rejeitada, ela definha. Recebida, ela se integra na totalidade existente e é *apercebida* (Leibniz!).

Foram de extrema influência as teorias relativas às idéias latentes, do limiar e da margem da consciência (na qual se mantêm idéias não focalizadas pela atenção que as eleva à plena apercepção). Prazer e dor estão ligados ao conflito entre representações. A vontade é uma aspiração ligada à representação da possibilidade de conseguir o aspirado. Quando uma representação, contra a oposição de outras, gradualmente obtém predominância acompanhada de emoções de tensão, temos o estado de desejo. A tendência geral de desejos mais ou menos permanentes estabelece o "caráter". O hábito é uma união de idéias que já não implica conflito e esforço. A fonte das emoções pode perfeitamente manter-se debaixo do limiar. É importante notar que Herbart se desembaraçou de todas as leis de associação em favor de uma inter-relação geral que existe continuamente em todo o acervo de representações, mercê da unidade da alma.

Nota-se em Herbart, um dos maiores psicólogos de todos os tempos, certa influência de Aristóteles na visão geral da relação entre desejo, deliberação e vontade e sua concepção antropológica em geral que não opõe os "estados inferiores" aos "superiores", mas considera-os, contrariamente a Kant, como uma escala evolutiva, contínua, em concordância com o pensamento de Leibniz.

Outros pensadores influentes. Friedrich Eduard Beneke (1788-1854), dependente até certo ponto de Herbart, elaborou uma filosofia psicológica que se apóia na experiência interna, derivando todos os processos psíquicos complexos de quatro "forças" elementares. Sua psicologia é uma tentativa de adotar as conquistas inglesas para refutar o idealismo germânico; mas ao mesmo tempo acentua com vigor a atividade da alma, criando assim uma síntese entre o atomismo inglês e as doutrinas alemãs da espontaneidade da alma.

Arthur Schopenhauer (1788-1860) merece ser mencionado, neste nexo, pelo destaque extremo que deu à vontade. Embora, no caso, não se trate propriamente de uma doutrina psicológica e sim metafísica, é preciso acentuar que essa ênfase veio contrabalançar a tendência preponderante de superestimar em demasia os aspectos racionais da vida psíquica. Outro ponto de extrema importância na filosofia de Schopenhauer é o vigor com que destaca o *impulso sexual* como manifestação central da vontade metafísica nos seres vivos. Foi extraordinária a influência dessa concepção, já que um tema, considerado até então como pouco digno das investigações, provou ser peça central de um sistema filosófico em grande voga na última parte do século XIX. É de interesse verificar também que o termo *verdraengen* (reprimir) aparece na obra de Schopenhauer, ao que parece pela primeira vez, na exata acepção psicanalítica, da mesma forma como a tese da "fuga para a doença" ou loucura em caso de conflitos insolúveis, bem como a doutrina da *racionalização* como mecanismo de procurar razões para justificar impulsos profundos.

Deve ser mencionado também *Eduard von Hartmann (1842-1906)*, autor da *Filosofia do Inconsciente* (1869), obra que acentua a tendência de destacar cada vez mais os impulsos inconscientes e de considerar de menor importância os fatores racionais. Ao mesmo grupo de pensadores pertence também *Friedrich Nietzsche (1844-1900)*, antiacadêmico como os outros dois e psicólogo agudíssimo no sentido popular, como observador perspicaz do ser humano como um Todo. Também Nietzsche salienta (e glorifica) a vontade; é um dos iniciadores das modernas tendências irracionalistas e um genial intérprete dos *ressentimentos* e de processos complexos da vida psíquica.

Hermann Lotze (1817-1881), médico e filósofo, é uma típica figura de transição. Transparece nele o conflito de um pensador que, de um lado adota os pontos de vista mecanicistas dominantes por volta de 1850, enquanto de outro lado, seguindo as necessidades íntimas do filósofo e não do médico, procura integrar tais doutrinas numa cosmovisão idealista. Mecanicista ultra-radical no terreno da biologia, destaca a completa incongruência dos processos físicos (espaciais) e dos processos psíquicos (não-espaciais). Uma sensação não é movimento e dela não pode ser derivada. Entre o último, sutil movimento de uma fibra nervosa e o primeiro surgir da mais grosseira sensação, abre-se um abismo intransponível.

A unidade da consciência nunca poderia ser atribuída à multiplicidade dos átomos cerebrais. Devemos, pois, atribuir as atividades psíquicas, não reduzíveis ao corpo, a um ser específico – à alma. Essa está ligada ao corpo, atua sobre ele e sofre a atuação dele. Sua sede é o cérebro. Às influências do corpo, ela reage com sensações, representações, emoções que, por sua vez, desencadeiam processos volitivos por meio dos quais ela, por sua vez, atua sobre o corpo (por intermédio do cérebro). Ainda assim, as leis mecânicas aplicáveis ao corpo de modo algum podem explicar, mesmo de forma remota, qualquer dos processos qualitativos de ordem psíquica.

No terreno da psicologia propriamente dita, contribuiu com distinção para a teoria das emoções, analisando a natureza das funções expressivas (face, postura, circulação, respiração) nos estados emotivos, análises depois continuadas por James e Lange. De importância é a sua teoria dos "sinais locais" com que procura explicar a percepção do espaço, mediando entre os pontos de vista de Kant (nativista) e Herbart (o espaço como produto de experiência). Cada ponto retiniano tem o seu "sinal local" peculiar e todos os sinais locais se organizam num contínuo. Havendo um estímulo, o olho se vira a fim de trazer o estímulo ao ponto de visão mais clara. Havendo uma série de estímulos provenientes de um objeto, a retina realiza esses movimentos reflexos para uma melhor fixação, variando o arco de movimento em direção e grandeza, conforme o ponto retiniano estimulado. Correspondente a todos os pontos estimuláveis há, portanto, uma imensa variedade de "sensações de posição" que formam uma série ordenada e contínua.

No decurso do tempo, cada estímulo visual produz por associação a lembrança das sensações musculares anteriormente excitadas pela procura do ponto de fixação. Deste modo, os estímulos, em si não espaciais, revestem-se de caráter espacial. Semelhante é o processo no caso dos "sinais locais" epidérmicos. A teoria, embora não tome em consideração a invenção do estereoscópio (Charles Wheatstone, 1838), é importante como aplicação das descobertas fisiológicas (Weber, Mueller) e das teorias da associação, além de representar uma tentativa audaz de dar o devido lugar ao *senso muscular* (do olho), cuja importância só pouco a pouco foi reconhecida.

7. A PSICOLOGIA DO SÉCULO XIX (SEGUNDA PARTE)

7.1. A Influência da Anatomia e Fisiologia

De uma forma geral, a psicologia desenvolveu-se, durante quase 2000 anos, dentro da tradição filosófica e, em parte, médica e religiosa. Desde o Renascimento nota-se um reflexo cada vez mais intenso das ciências que, de forma crescente, se separam da filosofia. O associacionismo é, em última análise, a tentativa de criar uma mecânica do espírito (Newton). A influência da química foi assinalada por ocasião de J. S. Mill. Os progressos da anatomia e fisiologia – ciências que já em séculos remotos de certo modo exerceram efeito sobre a psicologia (Galeno e os humores; localizações cerebrais) – aceleraram-se no século XIX de tal forma que não podiam deixar de influir profundamente na psicologia moderna. O estudo do cérebro chegou a refinamentos extraordinários, sempre em relação cada vez mais nuançada com as funções psíquicas correspondentes. O estudo do sistema nervoso, graças à histologia, o estudo experimental das funções sensoriais, em conexão com o desenvolvimento da física, tomaram impulso enorme, acrescentando-se a isso os progressos na patologia mental. É evidente que a psicologia não poderia manter-se alheia a esses desenvolvimentos.

A Frenologia. Pode-se dizer que o estudo das diferenças individuais se iniciou empiricamente com *Franz Joseph Gall (1758-1828).* Gall procurava relacionar a doutrina das faculdades com a anatomia cerebral. Tinham desaparecido as últimas dúvidas relativas à sede da mente. Supondo que a mente consistisse em dado número de funções distintas – embora relacionadas e integradas – Gall atribuiu às várias regiões do cérebro faculdades diversas, enumerando um rol de mais de 30 "capacidades". Supunha ainda que o exercício de uma dessas funções provocaria o desenvolvimento acentuado da região cerebral correspondente. Daí surgiria uma pressão local no crânio, impelindo-o para fora, sob forma de bossa. A conclusão é que, apalpando as bossas, podemos analisar os traços e dons principais do indivíduo. O descrédito completo em que essa teoria caiu não impede que a consideremos o início – embora primitivo – de uma psicologia diferencial.

No decurso do século XIX fizeram-se grandes progressos no terreno cerebral, graças ao estudo da patologia mental (e as respectivas localizações cerebrais) e graças ao uso da eletricidade para estimular certas áreas corticais que, assim excitadas, produziram ações específicas.

A Fisiologia dos Nervos. Em essência, o cérebro, considerado estruturalmente em relação com o corpo, é uma união complexa de nervos. A estrutura e as funções do cérebro podem, por isso, somente ser entendidas em relação com os nervos. Foi *Charles Bell* que verificou em 1811 o caráter duplo (nas suas raízes) do sistema nervoso (sensorial e motor). Esse sistema dual existe também no cérebro. A verificação experimental coube a *Johannes Mueller (1801-1858),* um dos maiores fisiologistas do século. Mueller, seguindo Bell, formulou definitivamente o princípio de que cada nervo sensorial tem a sua qualidade ou energia própria. Assim, não podendo um nervo desempenhar as funções de outro, as qualidades mentais resultam de qualidades físicas intrínsecas de tecido nervoso. De acordo com isso, as nossas experiências resultam antes da natureza dos nervos do que da natureza dos objetos.

No entanto, Mueller bem sabia que as qualidades específicas, em vez de decorrerem dos nervos, poderiam perfeitamente derivar dos terminais no cérebro. Resultam por exemplo as qualidades visuais diretamente da estimulação do nervo óptico ou, ao contrário, de excitamento de uma área cerebral especializada, sendo o nervo apenas o transmissor neutro dos estímulos retinianos? Decidiu-se em favor das "energias específicas" nos próprios nervos – suposição atualmente superada. Essa concepção levou a uma psicologia fisiológica em que mente e corpo estavam relacionados de forma ainda mais íntima do que nos sistemas de Hartley e Cabanis. O dualismo, à moda de Descartes, sofreu com isso um golpe quase mortal. Mueller tornou evidente que a nossa organização física determina a especificidade, os modos e estruturas da nossa experiência.

Famosa é também a teoria de Mueller acerca da percepção do espaço. Adotou em parte a concepção de Kant a respeito do caráter inato da percepção espacial; ao mesmo tempo procurou conciliar essa teoria com a doutrina de Berkeley e Herbart, segundo a qual a terceira dimensão é um fruto da nossa experiência (segundo Herbart, o mundo espacial é organizado através da integração de um vasto número de experiências particulares). Segundo o compromisso de Mueller temos uma capacidade geral de perceber o espaço, mas a experiência nos ensina a julgar distância, tamanho e posição. De importância é também o estudo da ação reflexa feito por Mueller, à base das teorias de Descartes e Bell. As experiências de Mueller com rãs mostram que a atividade reflexa compreende três passos: um impulso dos órgãos sensoriais à medula pela raiz dorsal; conexão na medula; impulso da medula ao músculo, pela raiz ventral.

Enorme progresso do conhecimento dos estados emocionais decorreu do estudo do sistema nervoso simpático, terreno em que se distinguiu sobretudo o fisiologista francês *Claude Bernard (1813-1878)*, descobridor do sistema vasomotor. Na Inglaterra foi lançada a teoria de três níveis de evolução do sistema nervoso (sob a influência do evolucionismo de Spencer), com graus diversos de especialização, complexidade e integração – evolução concomitante a um progresso de sistemas apenas automáticos a voluntários. Mais ou menos na mesma época foi elaborada a teoria dos neurônios, tendo sido focalizado também o problema da "condução" através dos nervos. Terminou em definitivo a época dos "espíritos animais"; a pesquisa revelou que fenômenos elétricos acompanham a transmissão neural, supondo-se tratar-se de uma possível combinação de processos mecânicos, físicos e químicos.

A Percepção Sensorial. Neste terreno, um dos mais antigos da psicologia, distinguiu-se sobremaneira, como já indicado, Johannes Mueller. Um dos seus maiores contemporâneos, neste terreno, foi *Ernst H. Weber (1795-1878)*, com quem estudou Lotze. Entre os alunos de Mueller destaca-se *Hermann von Helmholtz (1821-1894)*. Deve-se salientar que Mueller foi o primeiro ocupante da então fundada cadeira de Fisiologia da Universidade de Berlim (1833), a primeira do mundo, fato com que essa ciência, reconhecida como tal, se emancipou das exigências práticas da medicina.

A penetração de fisiólogos especializados no campo da psicologia dos sentidos veio incrementar enormemente o método experimental neste terreno, com a aplicação parcial da matemática às observações e com a variação das condições da experimentação.

O primeiro a tomar esse rumo experimental, de forma incisiva, é E. H. Weber que iniciou nova era com seus estudos sobre as sensações cutânea e muscular, até então negligenciadas em favor dos chamados sentidos superiores. São clássicas as suas investigações sobre o sentido de temperatura e olfato. A descoberta psicofísica que se liga particularmente ao seu nome (Lei de Weber) é a verificação experimental do funcionamento de sensações musculares na discriminação de pesos diversos. Notou que, quando o sujeito *levantava* pesos com sua mão, de modo a experimentar não somente sensações táteis e sim também musculares de braços e mãos, o mesmo discriminava com mais precisão de que quando os pesos eram colocados sobre a mão em repouso. A Lei de Weber consta que o acréscimo de um estímulo deve estar numa determinada razão constante ao próprio estímulo para que na sensação provocada pelos estímulos seja notada a mínima diferença. Se, por exemplo, no caso de um peso 1, deverá ser acrescentado um peso $1/a$ a fim de se perceber uma diferença de pressão, necessita-se acrescentar a um peso 2 um peso $2/a$, a um peso 3 um peso $3/a$, para que haja discriminação. Weber chegou, mais de perto, a verificar que um peso colocado sobre a pele deverá variar de $1/30$ de seu peso total antes que se pudesse notar a mudança de pressão. Tomado nos dedos, contudo, e levantado, bastaria uma mudança de $1/40$ do peso total para que houvesse discriminação. A acuidade, portanto, se torna maior quando o sentido muscular é solicitado. As diferenças apenas perceptíveis poderiam, pois, ser formuladas como uma fração que, embora constante na esfera de um sentido, variava com o sentido testado. No caso da visão a fração era bem menor, bastando ser uma linha $1/100$ a $1/50$ mais comprida para ser discriminada como tal.

No domínio do "limiar" do discernimento perceptivo (diverso do limiar de Herbart que se refere a idéias infinitesimais com tendência de reaparecerem) Weber desenvolveu o método de aplicar à cútis duas pontas, a fim de determinar a menor separação espacial em que as duas pontas eram sentidas como separadas. Verificou-se que, à medida que a distância entre as pontas aumentava, o paciente passava da impressão de um estímulo de uma só ponta a uma impressão de incerteza (se uma ou duas), até que atingia a um estado em que as duas pontas eram definitivamente sentidas. Havia um limiar a ser transposto o qual variava para as diferentes partes do corpo. Destaque-se que Weber já começava a prestar atenção, nessas experiências, às variações individuais na discriminação das diferenças apenas perceptíveis.

A visão foi particularmente estudada por *Helmholtz*, que continuou os estudos de *Thomas Young (1773-1829)* sobre a visão de cores. A possibilidade de reduzir todas as cores a três cores fundamentais e suas misturas foi reconhecida antes do tempo de Young. Sua contribuição particular (1807) foi a sugestão de uma base fisiológica consistindo em três processos de sensação atribuídos a três espécies de fibras nervosas, independentes na sua atuação. Nesse ponto, Helmholtz prosseguiu na pesquisa. Partiu da teoria de que cada sensação tal como conhecida *significa*, mas nunca copia um objeto.

As cores puras — vermelho, verde, azul/violeta — são processos puros de sensação, exigindo, portanto, bases fisiológicas separadas, descritas como elementos neurais capazes de uma só atividade. A produção de uma sensação de cor deve ser atribuída à atividade de todas ou algumas das três "fibras", cada qual especializada e reagindo a estímulos diversos (isto é, a diversos comprimentos de ondulação). A luz objetiva, homogênea, excita as três espécies de fibras com uma intensidade que varia segundo a extensão da onda. Segundo as ondas, uma ou mais fibras são mais fortemente excitadas. O vermelho simples, por exemplo, excita fortemente as fibras sensíveis ao vermelho e fracamente as outras duas espécies de fibras; sensação: vermelho. O amarelo simples excita moderadamente as fibras sensíveis ao vermelho e verde, fracamente às sensíveis ao violeta; sensação: amarela etc. Nessa teoria psicofísica há, evidentemente, muita fisiologia e pouca ou nenhuma psicologia (a linha puramente psicológica, neste terreno, vai de Aristóteles a Goethe e Hering).

Helmholtz tornou-se também pioneiro no terreno da fisiologia auditiva. Ao mesmo tempo propôs-se a medir a velocidade de condução dos nervos motores da rã por meio de excitações e as subseqüentes contrações musculares. Concluiu que é de 30 metros por segundo a velocidade do impulso. Ao estudar no homem a velocidade do impulso, nas vias sensitivas, verificou haver diferenças individuais de tempo de reação. É sua também a primeira explicação correta da mudança do cristalino na percepção de profundidade.

Foi o holandês *Donders (1818-1889)* que se interessou em particular pelas diferenças individuais de tempo de reação que eram o desespero de Helmholtz e o levaram a abandonar as pesquisas neste campo. Donders pretendia estudar precisamente os fatores que agem entre o estímulo e a reação. Fazendo experimentos engenhosos com vários sujeitos (cujo número, contudo, estava longe de permitir conclusões estatísticas), verificou que as diferenças individuais de tempo de reação não são apenas devidas à diferença de velocidade de condutibilidade nervosa, mas à diferença de processos mentais superiores. Lança, assim os fundamentos científicos da análise desses processos em termos de reação de tempo, fator que realmente é de capital importância na avaliação das diferenças individuais.

Neste nexo merece ainda menção especial *Ewald Hering (1834-1918)*, pela sua crítica às teorias de Weber e Helmholtz, particularmente pela sua tentativa refutar a Lei de Weber-Fechner.

Gustav Theodor Fechner (1801-1887), colocado entre a fisiologia psicológica de Mueller e Weber de um lado e a psicologia fisiológica de Herbart, Lotze, Hartley e Bain de outro lado, fundou finalmente a psicofísica. Fechner, como Lotze, é uma figura dissociada entre a tradição metafísica alemã e o surto avassalador das ciências que, nos meados do século passado, deu por terra com a especulação hegeliana. A conseqüência foi uma ansiosa procura de unidade, a tentativa de integrar a ciência naturalista numa cosmovisão idealista (como no caso de Lotze). Finalmente chegou a postular uma espécie de panteísmo espiritualista, segundo o qual os fenômenos materiais nada são senão manifestações espirituais vistos de "fora". Físico de carreira (e filósofo de coração), viu-se intimamente coagido a *provar* a unidade essencial entre o mundo físico (na essência espiritual) e o mundo espiritual. O método, de acordo com Herbart, havia de ser matemático e, de acordo com a época, experimental. Tratava-se, portanto, de estudar as conexões – que *deveriam* existir! – entre as estimulações físicas e as sensações. Isso seria a psicofísica exterior. A psicofísica interior – muito mais difícil e por isso apenas esboçada – deveria incluir as relações entre os processos do sistema nervoso e os processos mentais.

O resultado geral a que chegou – depois chamado a Lei de Weber-Fechner – é que, a diferenças proporcionalmente iguais de estímulos correspondem diferenças sensoriais iguais.

Enquanto os estímulos aumentam em progressão geométrica (1, 2, 4, 8), as intensidades sensoriais aumentam em progressão aritmética (1, 2, 3, 4), ou seja, proporcional aos logaritmos das intensidades de estímulo. O momento fundamental, portanto, é o fato de que uma seqüência de sensações não segue ponto por ponto o aumento das estimulações. Supondo-se que uma luz é percebida quando ela tem o valor-estímulo de 10 e que notamos uma mudança nesta luz, quando ela atinge ao valor-estímulo de 12, segue daí (a) que o intervalo entre 10 e 12 não tem um correspondente perceptível e que (b) um estímulo equivalente a 20 deverá crescer a 24 a fim de causar uma diferença apenas perceptível. Mede-se, assim, o "mínimo sensível" ou "limiar" de percepção.

A lei exprime uma relação funcional entre a grandeza medida de estímulos e as sensações. Visto que não parece ser possível medir as sensações como tais o que se impõe é um processo indireto de medição. Podemos medir os estímulos e, além disso, a grandeza de estímulo necessário para fazer nascer uma sensação ou fazer notar a diferença existente entre duas sensações. O que se mede são, portanto, valores limiares dos estímulos ou seja, não as próprias sensações, mas a "sensitividade" (a capacidade de discriminar). Fechner, no entanto, lançou a hipótese de que seria possível medir as sensações como tais, reduzindo-as a unidades. Essa unidade elementar obtemos pelo limiar diferencial; ao determinar este, temos duas sensações que são apenas perceptíveis e essa é a unidade de sensação. Essas unidades – diferenças apenas perceptíveis – podemos somar e padronizar com o auxílio dos estímulos correlatos.

Para comprovar a sua teoria, começou a fazer experimentações relativas à visão e ao tato, com estímulos que eram a luz e o peso. Foi então que leu os trabalhos de Weber, onde esse mostrava que a diferença apenas perceptível é uma fração constante do estímulo-padrão. Weber ficou satisfeito com isso, mas Fechner só podia satisfazer-se com uma formulação matemática total da relação entre os mundos físico e espiritual (cuja unidade postulara). Não precisamos examinar aqui a elaboração matemática da fórmula fundamental $S = C \log R$, em que S é sensação, C uma constante para cada um dos campos diferentes dos sentidos e R (= *Reiz*) o estímulo. Mais importante é examinar os seus métodos de experimentação.

O método das diferenças apenas perceptíveis (dos limites) é o mesmo de Weber. Trabalhando no campo da temperatura e da visão, Fechner apresentava dois estímulos semelhantes e diminuía um deles até que a diferença entre eles fosse notada. Também o aumentava até, igualmente, fosse notada a diferença.

Num caso, como no outro, tirava a média das diferenças apenas perceptíveis, tanto na escala ascendente como descendente.

O segundo método é o dos casos certos e errados no avaliar pesos. Neste caso, o estímulo é constante e o que se espera é o julgamento variável do examinando (no outro caso esperavam-se julgamentos constantes – a diferença apenas perceptível – face a estímulos variados). Visava-se agora a diferença de dois estímulos, exigida para produzir dada proporção de julgamentos corretos. Escolhia-se uma pequena diferença acerca da qual se faziam os julgamentos. Essa diferença era bastante grande para ser reconhecida em muitos casos, mas não tão grande para ser notada em todos os casos. Computavam-se então os julgamentos certos, errados e duvidosos para obter a medida da perceptibilidade dessa diferença escolhida. Uma fórmula baseada nos cálculos de probabilidade tornou então possível computar a diferença exigida para se obter a desejada porcentagem de casos certos.

O método dos erros médios – já usado na astronomia – baseia-se no reconhecimento de que erros de observação não dependem somente de fatores variáveis na situação ou no próprio observador, mas sobretudo da sensibilidade do observador. Quando aplicado a pesos, o método é o seguinte: o paciente toma um peso medido como norma e procura igualar um segundo peso (o peso-erro) ao primeiro. Quando ele está satisfeito com a igualdade alcançada dos dois pesos, determina-se o erro pesando o segundo peso. Tira-se a média dos erros por meio de muitos testes.

Os métodos de Fechner sofreram mais tarde críticas devastadoras; no entanto, as suas pesquisas, que o tornaram criador da psicofísica, foram de importância considerável. Foi principalmente o seu trabalho que inspirou Wilhelm Wundt e seus contemporâneos na criação de uma psicologia experimental. Suas pesquisas tornaram-se o fundamento dos trabalhos que permitiriam examinar mais exatamente as diferenças individuais.

7.2. *A Influência da Biologia*

A tentativa constante de transformar a psicologia em ciência exata, segundo o modelo das ciências naturais, exprimiu-se no princípio da "redução". Procurava-se mostrar que os processos psíquicos não eram "nada senão" isto ou aquilo – nada senão reflexos, nada senão secreções da matéria, nada senão combinações de átomos sensoriais, nada senão fusões químicas. Nesta redução facilmente se perderam de vista as peculiaridades dos próprios fenômenos químicos.

Diante disso não admira que *Auguste Comte (1798-1857)*, na sua classificação das ciências, não encontrou lugar nenhum para a psicologia. *Positivamente*, pode-se falar de uma psicologia autônoma e exata, quando baseada apenas na introspecção? Sabemos somente dos conteúdos, dos fenômenos, só esses podemos observar; não podemos observar o próprio observar. A análise dos fenômenos, todavia, e das suas condições e leis, é tarefa das ciências naturais. Assim, a psicologia é *reduzida* à biologia e frenologia.

Herbert Spencer (1820-1903). É indubitável, porém, que entre a maioria das reduções a redução à biologia, por mais falha que seja, é uma das mais fecundas. Comtista, o pensador inglês *George Henry Lewes (1817-1878)* discutiu agudamente os problemas relacionados e chegou à conclusão de que a psicologia é um ramo da biologia. Para este fim, era necessário polemizar contra a limitação dos fenômenos psíquicos aos fenômenos da consciência, estendendo-os às funções e faculdades chamadas por ele de *sentient* ou seja aquelas que se identificam com a capacidade de reagir a estímulos, sem que isso implicasse consciência. Destarte pretende evitar qualquer separação entre a mente e a vida, pois a *sentience*, a "sensibilidade", é uma propriedade vital do tecido orgânico. Se para os gregos a alma fora o princípio da vida, para Lewes a vida é o princípio da "alma". Chamar a psicologia a ciência dos fenômenos conscientes, significa limitá-la; os fenômenos conscientes são apenas parte dos fenômenos sensíveis e esses são fenômenos biológicos.

Integrar a mente humana inteiramente no mundo biológico, negando radicalmente o dualismo de Descartes entre corpo e alma, isso significa introduzir implicitamente a indagação evolucionista. O princípio da evolução tornou-se, mesmo antes de Darwin, a idéia central de todo o pensamento de Herbert Spencer. O princípio evolucionista em si é antigo. Spencer, porém, foi o primeiro a aplicá-lo sistematicamente na totalidade da sua vasta síntese filosófica. Desde então, o evolucionismo se ligou intimamente a todas as indagações científicas, particularmente às da biologia, em cujo terreno provara ser particularmente fecundo. Na sua obra, Spencer procura mostrar que tudo no universo se relaciona, de forma a haver uma inter--relação geral, resultante da evolução. Foi de uma substância homogênea que o mundo nasceu. Pouco a pouco, ela foi diversificando-se em partes (diferenciação ou separação interna e externa). Essas partes, mais especializadas, começaram a integrar-se e a combinar-se, uma com as outras, em novos conjuntos. Assim, a diversificação substituiu a primitiva uniformidade, resultando enfim de uma homogeneidade indefinida, incoerente, uma heterogeneidade definida e coerente, através da integração crescente.

Spencer, no entanto, não foi daqueles que reduziram os fenômenos psíquicos por completo a fenômenos biológicos. Na parte biológica do seu sistema, aplicando a teoria da evolução, explica as formas orgânicas como resultados necessários da ação recíproca entre indivíduos e mundo-ambiente. À base da anatomia e fisiologia comparadas procura demonstrar a evolução gradual e contínua (Leibniz!), paralelamente à evolução das condições. O grau de desenvolvimento é determinado pela exatidão e amplitude da correspondência entre o organismo e o ambiente.

A *psicologia objetiva* estuda as funções pelas quais o organismo é capaz de adaptar-se aos processos e condições externos, bem como o modo de como essas funções se apresentam nas ações do indivíduo.

A *psicologia subjetiva*, porém, se destaca de todas as outras ciências. Espírito e consciência, vistos pela introspecção, não podem ser reduzidos a outros fenômenos (a não ser a uma substância incógnita, permanente e una, de que os processos, quer físicos no cérebro, quer espirituais na consciência, são manifestações *paralelas*; nesta acepção, Spencer era paralelista e, de certa forma, spinozista). Os processos psíquicos como tais, contudo, podem ser reduzidos a unidades elementares espirituais, análogas a impressões, correspondidas do lado físico por "choques nervosos". A crescente complexidade do sistema nervoso é acompanhada de uma riqueza e variedade crescente das formas de experiência e dos tipos de associação. Junto com o aumento da complexidade estrutural surgem integrações funcionais cada vez mais elevadas. A associação é um mecanismo integrador pelo qual se torna possível um tipo cada vez mais rico de experiência.

Spencer foi o primeiro a elaborar a concepção de que a mente chegou à sua estrutura peculiar em virtude das peculiaridades ambientais. O sistema nervoso e os processos mentais são de natureza *adaptativa* e toda a evolução espiritual e de comportamento é um processo adaptativo. Esse conceito funcionalista é o mesmo de Darwin e teve forte influência sobre as concepções de W. James e Dewey. Instinto, razão, memória, imaginação são graus diversos de ajustamentos internos às condições externas. O mero reflexo transforma-se em instinto, pois pela repetição de vários estados psicofísicos nasce uma tendência hereditária de repetir certas funções complicadas. Ao tornar-se cada vez mais complexo, o instinto começa a perder a segurança e as funções deixam de ter mero caráter automático. Surge uma luta de tendências e daí resultam finalmente os processos racionais. Da mesma forma desenvolve-se a vontade à base da crescente complexidade dos movimentos reflexos, fato que os faz durar o suficiente para que se torne possível a escolha.

As bases do nosso conhecimento — formas de percepção espacial, categorias etc. — são *a priori*, como ensinava Kant; mas somente para o indivíduo atual. Isto é, elas se fundamentam na sua organização psicofísica. Essa organização, porém, o indivíduo a herdou dos antepassados; ela é resultado das experiências de inúmeras gerações. Assim, as formas *a priori* são adquiridas pela experiência, não do indivíduo, mas da espécie.

Charles Darwin (1809-1882) corroborou as concepções de Spencer, de quem diverge em muitos pormenores, pela riqueza de material empírico recolhido nas suas viagens. Inspirado por Malthus, levanta a hipótese da seleção natural pela sobrevivência dos organismos mais adaptados ao ambiente.

A influência de Darwin sobre a psicologia foi imensa. Depois dele, nenhum cientista poderia ignorar o fato de que em cada indivíduo deveria ser tomado em consideração tanto a *gênese* como a estrutura estática. Só assim se explicava a existência de sistemas inferiores quando o intelecto já passou a desempenhar o seu papel dominante. A perspectiva genética estimulou os estudos comparados, a psicologia dos animais e das crianças, bem como a pesquisa das relações entre o ambiente natural e social. Sobreveio a época dos "instintos" como modos de ação que no seu caráter dependem do enriquecimento progressivo do organismo e da sua *finalidade*, já que somente atos úteis poderiam garantir a sobrevivência.

As emoções foram estudados por Darwin à base das expressões (Lotze). A expressão é o aspecto orgânico das emoções e essas são hábitos do organismo. Os processos conscientes são elementos relativamente insignificantes no estado total de reações orgânicas variadas. As expressões emocionais originalmente eram hábitos úteis a certos fins; todavia, a modificação das condições ambientais transformou a expressão original em hábito supérfluo, que continua, contudo, por associação ligado às emoções. Quanto à inteligência, tem a função de selecionar, entre os movimentos, e reações, os mais adequados. Assim, a própria inteligência é integrada, pouco a pouco, ao sistema evolucionista, como função necessária à adaptação e seleção. A psicologia humana, portanto, tinha que ser encarada em relação a todos os outros fenômenos da vida total, entre os quais nenhum privilégio cabe à inteligência, faculdade suprema do homem.

Francis Galton (1822-1911) e os testes mentais. A teoria evolucionista da seleção dos mais aptos dirigiu a atenção dos psicólogos para as diferentes individuais. Fervoroso adepto do darwinismo, Galton buscou aplicar os princípios da variação, seleção e adaptação ao estudo de indivíduos e raças humanos, em parte com propósitos eugênicos. Tentando provar a hereditariedade dos traços psicológicos superiores, estudou a biografia de 977 homens eminentes e verificou que esses homens ilustres tinham parentes do mesmo grau de superioridade. Daí acredita poder tirar a conclusão de que tal capacidade mental superior é antes questão de família que produto de condições de ambiente (*nature* e não *nurture*). Na sua apreciação unilateral da importância dos fatores hereditários (biológicos) chegou a extremos semelhantes aos dos adversários que tudo faziam depender de fatores ambientais.

Levando adiante tais estudos, começa a investigar os seres que deveriam ter condições hereditárias mais próximas – os gêmeos. Emprega também métodos de questionário para verificar a variação da imaginação individual, campo que se tornou importantíssimo para obter dados acerca das diferenças individuais. Nesse terreno da psicologia diferencial, depois das vagas sugestões contidas nos trabalhos de Brown, Herbart, Weber, Fechner e Helmholtz – mas principalmente de Donders –, tornou-se o pioneiro proeminente e pai dos testes mentais que iriam encontrar elaboração ampla principalmente nos países anglo-saxônicos. Assim, a teoria da amplitude de variação, e da seleção através da luta pela vida tornou-se o berço dos testes mentais.

Prosseguindo no estudo da semelhança entre a prole e a progênie, Galton chega à famosa lei de regressão: em gerações sucessivas, as variáveis (quaisquer traços) tendem a regredir à média da espécie, à qual pertencem os indivíduos. Nesses estudos, Galton lança mão de métodos estatísticos que aperfeiçoara baseado em Gauss. Nas suas pesquisas acentua a importância das diferenças individuais porque lhe parecem provar a possibilidade imediata da seleção inteligente do mais capaz. A seleção inteligente, todavia, exige que se tente ver quais as qualidades humanas disponíveis. Destarte, une a psicologia à estatística, visto que os casos isolados apresentam aspectos que fogem às leis do acaso e da probabilidade. Foi esta concepção "coletivista" que deu à psicologia educacional americana uma das suas características principais. Visando à medição em massa, cria um processo especial, cujo objetivo é determinar diferenças individuais e não analisar os fenômenos mentais na sua estrutura geral. Concomitantemente, visa, antes, a estudar as reações *manifestas* que os correlatos conscientes que as fundamentam ("behaviorismo"). Entre os testes de Galton tornou-se famoso aquele que estuda o tempo de reação nas associações, aliás aperfeiçoado depois por Wundt. Pela primeira vez notou o valor das associações estabelecidas na infância e a significação da idade infantil para a personalidade adulta. Estabeleceu três tipos de associação – as baseadas no som da palavra; as baseadas no sentido da palavra e as em que surge a realização de uma ação. Verifica assim haver tipos individuais de associação.

7.3. Wilhelm Wundt (1832-1926) e a Psicologia Experimental

Wilhelm Wundt, um dos últimos poli-historiadores da Modernidade, recebendo o legado de Weber e Fechner, fundou em 1879, na cidade de Leipzig, o primeiro Instituto para Psicologia Experimental do mundo. Com ele, a psicologia adquiriu plena maioridade, tornando-se em definitivo uma ciência autônoma, empírica.

Seu conceito da experiência foi ao mesmo tempo amplo e radical. Ela deve ser concebida como *experiência imediata*, na medida em que ela precede a intervenção da reflexão. Podemos chamar de experiência imediata – ou vivências (*Erlebnisse*) – a totalidade das nossas emoções, representações e volições. Não interessa saber se se trata de experiência "interna" ou "externa" ou seja referente a objetos reais. O que nos é dado são simplesmente eventos e seqüências de eventos. Para estudar esses dados, o psicólogo deve empregar todos os recursos acessíveis; todos os métodos são bons para obter acesso a essas "vivências". Recorrer-se-á, segundo o caso, à análise, aos experimentos, aos processos fisiológicos, à introspecção, às várias formas de expressão (língua, mito, arte, religião etc.). De extrema importância é a coordenação metódica de experimento e introspecção. Desta forma se podem exprimir estados mentais em relação a estímulos e reações objetivamente verificáveis e mensuráveis. A base de todos os ajustamentos do organismo é um processo psicofísico, uma reação orgânica acessível do lado fisiológico e psicológico. Assim, temos de estudar ambos os lados – a partir do estímulo e da transmissão neural e paralelamente a partir dos fenômenos mentais.

Voltando às "vivências", verificamos pela reflexão posterior que podemos diferenciar a totalidade em três elementos: as representações ou idéias dotadas de atributos de sentimento e volição que, como tais, podem ser isolados. Das idéias – não importando se referidas a objetos reais ou não – podemos ainda isolar a sensação e dessa, por sua vez, a intensidade e qualidade capazes de serem investigadas separadamente pela variação das condições experimentais.

As sensações relacionam-se com processos fisiológicos, ponto por ponto. Toda sensação é seguida, quando não houver obstáculo, de um movimento reflexo muscular com sentido final (embora não intencional). Assim, o movimento final decorre do movimento reflexo (já em si final), tudo se subordinando à adaptação do organismo. O princípio geral da associação relaciona no caso não apenas movimentos, mas estabelece coerência entre elementos como sensação e movimento. Assim, nasce do aparente caos de sensações e movimentos reflexos a experiência coordenada. Estabelecem-se vias preferenciais, acrescentam-se práticas e hábitos e destarte o indivíduo vai adquirindo todo um sistema de experiências antes mesmo da interferência da reflexão.

Quanto aos sentimentos, podem ser classificados em três dimensões principais: prazer-desprazer, tensão-relaxamento, excitação-depressão. No entanto, a distinção entre idéias e sentimentos é apenas lógica e não psicológica. As idéias são resultados de sensações e os sentimentos são unidos de forma inseparável às sensações, aos complexos sensoriais e aos complexos ideacionais. Há ainda em cada momento um sentimento total que não é um mero agregado de vários sentimentos e cuja unidade qualitativa corresponde à unidade ideacional da consciência. As emoções são certas seqüências características de sentimentos que se ordenam num padrão temporal. As emoções geralmente levam a atos de vontade. Aliás, as volições, da mesma forma como os sentimentos, estão ligadas de modo inseparável às idéias, amalgamadas intimamente com os sentimentos. Esses, nos seus estados mais intensos, passam a transformar-se em emoções, disposições afetivas, impulsos, desejos e tendências volitivas. Em essência, a vontade nada é senão uma série de sentimentos em que estão presentes elementos emocionais e idéias; daí nascem sentimentos especiais de "resolução" de que resultam os atos exteriores. Visto que Wundt encara o problema de um ponto de vista biogenético, salientando a natureza adaptativa dos atos reflexos, chega à conclusão de que a vontade é o fenômeno fundamental da vida psíquica (voluntarismo ligado à sua filosofia geral). Atos que, em épocas remotas, eram expressão direta das necessidades do animal, tornaram-se com o tempo mecânicos, de tal forma que se esquece o seu caráter volitivo. Assim, os atos reflexos são, no fundo, volitivos. Toda sensação e idéia têm a sua disposição afetiva peculiar e já é sempre uma volição elementar. A unidade total do Eu é ao mesmo tempo a base e essência das volições (Santo Agostinho!). A vontade torna-se realmente o centro da psicologia de Wundt, já que é ela que, nas suas manifestações inferiores como reflexo etc., é a função biológica mais importante no finalismo orgânico de adaptação ao mundo ambiente. Nota-se nítida influência de Schopenhauer e do evolucionismo.

No que se refere ao problema de quantas idéias distinguíveis podem ser notadas simultaneamente, de forma nítida, pela mente, Wundt adota a teoria de Leibniz (veja também a apercepção de Herbart e Kant), separando percepção e apercepção. "As idéias percebidas são aquelas que se encontram no campo da consciência, ao passo que as apercebidas se situam no ponto de fixação." A apercepção é um ato volitivo: nessa teoria Wundt segue uma tradição vetusta. Pela apercepção, os elementos da experiência são apropriados, integrados (Herbart) e focalizados à luz da consciência.

Wundt sempre se esforçou por evitar que se tirassem conclusões atomísticas do seu processo de análise. Salienta enfaticamente que os elementos são apenas abstrações. A experiência imediata é muito mais do que uma soma de suas partes. É uma totalidade decorrente de uma atividade básica chamada "síntese criativa", atividade constante da vontade fundamental. Contudo, notam-se na sua escola fortes tendências atomísticas.

A sistematização gigantesca da psicologia, realizada por Wundt, é acompanhada pela experimentação constante. Não se pode dizer que tenha sido particularmente original nesse campo. Seu mérito reside no rigor metódico dos seus processos experimentais. Assim estudou a psicologia e a fisiologia da visão e audição, continuando a obra de Helmholtz. Fez investigações sobre o tempo de reação, prosseguiu nos estudos de Fechner e Weber e na análise de associações iniciada por Galton, a qual simplificou e ampliou. Em escala menor, dedicou-se também à psicologia infantil e de animais, devotando, porém, atenção particular à pesquisa de dados históricos e antropológicos. Propôs-se assim a estudar os produtos culturais, a fim de poder inferir princípios relativos à organização mental humana. A estrutura lingüística pareceu-lhe assaz importante como índice de fatores psíquicos, fisiológicos e étnicos. Assim, inicia o estudo psicológico da linguagem.

Fundando um laboratório, deu à nova ciência um lugar todo seu, onde instruiu equipes de pesquisadores. Quando *Cattell* lhe mostrou a importância do estudo da associação, na determinação das diferenças individuais, classificou a idéia de *ganz amerikanisch* ("bem americana"). Isso não impediu que consentisse que seu aluno continuasse nas investigações nesse sentido. Amparou, portanto, um dos seus maiores alunos que se tornaria o líder da psicologia diferencial e dos movimentos de testes. Outro de seus alunos, Kraepelin, aplicou o método de associação no estudo psicopatológico e psiquiátrico, esse mesmo método que, nas mãos de Freud e de seus discípulos, iria tornar-se ainda mais fecundo. Tais estudos constituíram também um dos fundamentos da moderna tipologia.

Conclusão. O século **XIX** marca a definitiva maioridade da psicologia como ciência autônoma. Contribuíram para essa conquista a aplicação de métodos matemáticos, pela primeira vez propostos por Herbart, e de métodos de experimentação elaborados por Weber e Fechner e estabilizados, nas formas de laboratório, por Wundt. Se a anatomia e a fisiologia concorreram particularmente para a enorme intensificação dos estudos no campo dos processos elementares, a teoria evolucionista teve o grande mérito de integrar o estudo dos processos psíquicos humanos no campo mais vasto da biologia, tornando-os comparáveis a processos menos desenvolvidos, quer de animais, quer de crianças. A nova perspectiva contribuiu para superar o associacionismo, em parte por acentuar outros aspectos da vida psíquica em oposição à análise unilateral dos processos perceptivos, em parte por introduzir de novo o princípio do organismo (Aristóteles) como um todo integrado, funcionando com fito de adaptação ao ambiente: concepção que se choca com a visão da causalidade mecânica dos associacionistas. O irracionalismo de Schopenhauer e Nietzsche (e logo de Bergson e James) influi para dar destaque cada vez maior aos aspectos não conscientes e instintivos, enquanto a concepção genética inspira ao mesmo tempo o surto da psicologia diferencial.

8. OS DESENVOLVIMENTOS MAIS RECENTES

8.1. A Psicologia Diferencial e os Testes

Bessel, Gall, Galton e Cattell marcam quatro fases características do início da mensuração: o primeiro, astrônomo, preocupado com os problemas da equação nas observações astronômicas; o segundo, querendo determinar as diferenças individuais de capacidade mental pelas bossas do crânio; o terceiro, inaugurando o estudo científico das diferenças pela psicometria.

James McKean Cattell (1860-1944), aluno de Lotze e Wundt, foi amigo e companheiro de trabalho de Galton. Assim se fundem nele duas tendências, a nascida do evolucionismo junto com a psicologia diferencial e a experimentalista. Ao lado de James e Dewey contribuiu para constituir a corrente psicológica americana, imbuída do desejo de indagar de como se ajusta o homem nesta ou naquela situação e qual é o valor adaptativo da mente para o organismo.

No seu método, Cattell afasta-se pouco a pouco das tendências introspeccionistas de Wundt. Investiga o tempo das reações mentais, a exatidão da percepção e do movimento, os limites da consciência, a fadiga e o treino, procurando reduzir tudo a mensurações quantitativas. O que em todos os estudos o interessa são as diferenças individuais. Com aparelhamento aperfeiçoado examina a rapidez variável dos processos mentais de vários graus de complexidade. Mede a amplitude da atenção e verifica que é de quatro a cinco o número de unidades – linhas, letras, sílabas ou palavras – que podem ser apreendidas em uma exposição rápida. Foi então que fez uso do taquitoscópio em conjunto com um cronômetro. Mais tarde, emprega um tambor rotativo para a apresentação de letras, verificando que há superposição (*overlapping*) nos processos mentais, uma vez que se lêem e nomeiam mais depressa as letras que são apresentadas junto com outras. Maior número de letras pode ser apresentado em breve espaço de tempo, quando formam uma palavra, ou mais palavras quando formam uma sentença, visto que a combinação é familiar.

Nas investigações de associação, Cattell introduziu a *associação controlada*. Verificou que a livre-associação é mais demorada do que a controlada em que se solicita por exemplo antínomos. Mais rápido também se associa à espécie o gênero do que o contrário, pois classificar o pinheiro como árvore é familiar, ao passo que o conceito de árvore pode suscitar um sem--número de respostas (pinheiro, carvalho, palmeira), cada uma inibindo todas as outras.

Nestas pesquisas emprega pela primeira vez uma tábua de freqüência das respostas a cada estímulo. *Kraepelin*, aliás, seguindo Cattell, mostrou que os processos de associação se alteram de forma característica nos casos de condições anormais (fadiga, fome, intoxicação alcoólica etc.) porque aumentam as associações exteriores. Sommer também utilizou esse método, antes de Freud, para fins psiquiátricos, convencido de que grande número de associações raras são manifestações de certas desordens.

Embora também interessado em princípios e leis gerais, as investigações de Cattell sempre foram realizadas com o sentido de desenvolver métodos eficazes para determinar a variabilidade das qualidades individuais. Ele e Linvingston Ferrand aplicam uma série de testes em certo número de alunos da Universidade de Colúmbia. Eram testes de acuidade visual, de tempo de reação, tempo de associação, empregados para determinar a capacidade escolar desses alunos. Foi o primeiro emprego de testes (*mental tests* é expressão pela primeira vez usada por Cattell) em grande grupo de indivíduos.

Alfred Binet (1857-1911). Pela volta do século, os métodos de mensuração das diferenças individuais tiveram um surto fenomenal, particularmente na Inglaterra e nos Estados Unidos. Fazem-se testes de memória e sensação, testes de cancelamento e testes comparando crianças débeis mentais com normais. Aplicam-se testes de completamento de sentenças para estudar o efeito da fadiga sobre escolares e inicia-se a padronização por idades.

Sentia-se, porém, que a medida como se processava apresentava deficiências, das quais a mais séria era a avaliação analítica na mensuração, por exemplo, da inteligência. Com efeito, o que distinguiu então particularmente os testes americanos, era o fato de que se limitavam aos processos mais simples de ordem sensorial e motora.

Foi Binet quem abordou pela primeira vez com audácia situações de teste ligadas à vida comum, concreta, dedicando-se desde o início aos processos psíquicos mais complexos, superiores. Binet, segundo a tradição francesa, devotava-se particularmente à psicopatologia e superava, através dela, o associacionismo que pouco de útil lhe poderia fornecer na explicação das personalidades dissociadas. Interessado em estudos genéticos, observa o desenvolvimento intelectual de suas duas filhas recém-nascidas e examina as características das várias idades através da investigação das funções complexas. Supera, em definitivo, o associacionismo ao verificar que a *percepção do todo*, na criança, é anterior à percepção das partes. Salienta que o estudo qualitativo e quantitativo das diferenças individuais deve ter por objeto não os processos mentais elementares, mas os complexos, tais como raciocínio, julgamento, memória, imaginação etc., pois são esses que põem em evidência as diferenças.

Após organizar uma série de testes, expõe em 1898 definitivamente o alvo da psicologia individual, bem como os processos mentais complexos que diferenciam os indivíduos. Acentua a necessidade de classificar os indivíduos, pela determinação de tipos e formação das "famílias naturais" de caráter. Emprega a descrição de uma gravura como meio de diagnosticar os tipos, classificando-os em "descritivos" (quando enumeram), "observadores" (quando atentam para as pessoas do desenho), "emocionais" (quando apresentam menor soma de observações que os observadores), "eruditos" (quando fazem um sumário da história, em lugar de descrever o objeto).

Estava finalmente preparada a elaboração de uma bateria de testes organizada para a diagnose dos processos complexos da mente. Estudando em 1904, em comissão oficial, a distinção entre crianças débeis mentais e normais, principiou por buscar as provas que diagnosticassem tais diferenças. Tratava-se, entre outras coisas, de distinguir entre a capacidade deficiente e a mera preguiça ou falta de interesse de escolares. Com Simon organizou uma série de provas baseada em seus estudos anteriores que permitissem o estudo objetivo da inteligência.

Verificou que é desnecessário determinar toda a inteligência. Basta examinar o julgamento, condição básica da normalidade; se necessário, a observação e memória podem substituir o julgamento, como objeto de investigação. Através de várias revisões dos testes, chega a aperfeiçoar o método de estandardização e a escala abrange as reações que revelam os ajustamentos comuns de crianças normais, reações essas agrupadas em idades. O critério usado para escolha dessas reações foi o seguinte: se, de 60 a 90% das crianças de uma idade realizavam dadas reações, eram estas consideradas como próprias da idade. É assim que Binet estabelece a padronização de testes: a comparação do rendimento de dado indivíduo com a realização normal das várias idades, interpretada em termos de idade mental expressa em meses. Podia-se assim comparar a idade mental de um indivíduo (segundo a escala) com a sua idade cronológica (real). Coube a Binet e Simon sistematizar definitivamente o processo que permitiu a classificação dos graus de atraso mental e a comparação das realizações diferentes como meio de avaliação quantitativa. Foi Stern quem sugeriu o uso do quociente de inteligência obtido pela divisão da idade mental pela idade cronológica. Uma criança, obtendo um resultado de idade mental de 120 meses, não obstante contar apenas 100 meses de idade real, teria portanto o QI de 120.

Há, naturalmente, discussões acerca de como definir a inteligência. Binet a definiu, depois de muitas vacilações, como direção, adaptação e crítica (dos próprios erros). Essa definição representa uma grande contribuição; a sua escala métrica da inteligência fundamenta-se numa concepção da inteligência como função global e não como um complexo de processos analíticos. Os termos "adaptação", "direção" e "censura" são dinâmicos: aspectos diferentes da função global em processo.

8.2. O Domínio da Biologia

O atomismo extremo de James Mill fora, em última análise, uma decorrência do prestígio das ciências físicas e dos princípios mecanicistas. Foi a poderosa influência da biologia que impôs a substituição da conceituação mecanicista. A noção do organismo desde há muito restabelecera nos seus direitos a velha categoria aristotélica de totalidades ("formas") "anteriores" às partes, mesmo se fosse apenas num sentido regulativo ou hipotético.

William James (1842-1910). Embora influenciado pelo associacionismo e pela escola experimentalista alemã – essencialmente ocupada com sensações – James, o primeiro dos grandes psicólogos americanos, considerava esse método analítico pouco satisfatório. Tal atomismo parecia-lhe admissível apenas no nível neurológico. No momento em que os processos fisiológicos se apresentam como experiências psíquicas, não se pode falar de elementos reais. Trata-se de meras abstrações. Tampouco podemos dissociar a consciência em uma sucessão temporal atomizada. A consciência é uma *corrente contínua*, um fluxo de pensamentos e qualquer "idéia" ilhada tirada do fluxo nada é senão uma dissecação arbitrária. Recortar a corrente em segmentos estáticos é um procedimento inteiramente artificial. A vida mental é sempre, em cada instante, uma unidade fluida, com uma "nebulosa" em torno e margens de transição indefinidas que escapam à atenção. Por isso, os processos conscientes estão em constante mudança e nenhum estado, uma vez passado, pode voltar idêntico aos anteriores. Cada estado é uma função da realidade psíquica inteira; a mente é cumulativa e os mesmos conteúdos, retornando, já não serão os mesmos porque encontram uma mente diversa. É evidente a semelhança de tais concepções com as de H. Bergson, expostas quase ao mesmo tempo.

Também a famosa teoria das emoções de James mostra a influência do evolucionismo, com o acento que este dá ao finalismo visível na adaptação do organismo. Idéias, aliás, bem de acordo com o seu pragmatismo filosófico. Salienta James que as emoções não têm existência sem a expressão fisiológica concomitante (Lotze). Ainda mais: a própria emoção nada é senão a conseqüência de mudanças fisiológicas que ocorrem no corpo. Trata-se de mudanças adaptativas que podem ser sentidas e tais percepções são a própria emoção. Apreendemos o objeto (temível, risível ou chocante); por via reflexa modifica-se o estado visceral, muscular ou epidérmico; surge então, de imediato, a emoção correspondente ao objeto. Lange em Copenhague elaborou uma teoria semelhante, segundo a qual primeiro (teoria James-Lange) choramos e depois ficamos tristes, primeiro enrubescemos e depois ficamos envergonhados.

James acentua, de resto, segundo os ensinamentos evolucionistas, que a mente deve ser compreendida funcionalmente, visto ser o produto da adaptação ao meio-ambiente: ela é uma arma biológica, legada por inúmeras gerações de ancestrais selecionadas mercê do seu sistema de reações ajustado aos estímulos do universo. Este pensamento pragmático representa também a idéia central do "funcionalismo" de *John Dewey (1859-1952)*, que se opôs à análise de atos *totais* em arcos reflexos. O que dá unidade aos processos totais é a sua função. O próprio arco reflexo é apenas elemento de uma coordenação mais ampla e uma coordenação é uma organização de meios com referência a um fim significativo. Estímulo e reação representam uma e a mesma totalidade coordenada. Bem sintomático das concepções evolucionistas de James é também o rol de instintos enumerado por ele. A teoria dos instintos, que veio opor-se à tendência de considerar o homem um ser preponderantemente racional, integrando-o no reino animal, encontrou a sua expressão clássica na psicologia de

William McDougall (1871-1938), de certo modo um aluno de *Ward (1843-1925)* e *Stout (1860-1944)*, psicólogos ingleses por sua vez influenciados por *Franz Brentano (1838-1917)* e a sua famosa psicologia dos *atos intencionais* (católico, Brentano reanima as teorias escolásticas na Alemanha) que desempenharia papel importante na fenomenologia moderna. Segundo essa concepção, a diferença fundamental entre os processos psíquicos e físicos é a intencionalidade dos primeiros; a sua essência é a de serem atos referidos a conteúdos. Assim, o que se vê é conteúdo do ato de ver e o ato como tal nunca é auto--suficiente, como é o objeto físico visto. Os objetos físicos são auto-suficientes, são em si completos, ao passo que é da essência da consciência de projetar-se a algo que não é ela mesma (essa teoria exerceu, através de Husserl, enorme influência sobre os existencialistas, de Heidegger a Sartre). Nas teorias de Ward e Stout essa teoria dos atos se exprimiu na importância da *conation* entendida como impulso, desejo ou vontade, como fenômenos básicos da vida psíquica projetada para certos objetos necessários a fim de "completar", satisfazer aqueles impulsos (Schopenhauer).

McDougall pouco conservou das sutilezas de Brentano. Mas a "conação", amalgamada com a teoria evolucionista, reaparece sob forma de *impulsos finalistas* ou como instinto, numa acepção um tanto diversa da então corrente, segundo a qual o instinto é um mecanismo adaptativo que torna possível a execução eficaz de um ato complexo, antes de qualquer experiência e sem conhecimento dos fins visados. Agora o instinto nada é senão um impulso congênito, inato, relacionado com um excitamento emocional específico. Na interpretação de McDougall quase todas as ações são expressões de impulsos inatos, tais como de repulsão, pugnacidade, auto-humilhação, auto-afirmação, curiosidade, construção, reprodução (e mesmo de tossir, coçar-se, espirrar etc.). Tanto os homens como os animais são equipados pela natureza com uma disposição pela qual a percepção de certos estímulos produz certas emoções específicas que por sua vez se transformam em impulsos que explicam os atos motores. O núcleo de cada instinto é uma emoção que se descarrega em ação instintiva, finalista. O conceito de *purpose*, inerente ao instinto, apõe-se a todas as teorias sensacionistas e associacionistas, já que acentua a adaptação ao ambiente como sendo um padrão global de conduta. Uma vontade fundamental de viver (o *conatus* de Spinoza, a vontade de Schopenhauer, a libido de Freud) manifesta-se em certo número de tendências de comportamento, os instintos que são disposições psicofísicas herdadas, determinando os seus donos a agir de forma peculiar.

Hoje, essa teoria dos instintos está em franca crise, devido à dificuldade de provar a sua origem congênita. Verificou-se que muitos dos chamados instintos nada são senão atitudes e padrões de comportamento plasmados pelas culturas respectivas, dentro das quais os indivíduos vivem.

A Psicologia do Comportamento (Behaviorismo). O traço característico do Behaviorismo é a completa negação da introspecção; essa atitude provém da sua íntima ligação com a psicologia dos animais e com as ciências biológicas. Ao mesmo tempo, essa escola rejeita o atomismo de elementos conscientes como sensações, imagens, idéias e sentimentos, junto com a repulsa face ao exame de todos os fenômenos de consciência; não evita, todavia, certo atomismo com relação aos elementos neurais como os arcos reflexos; ao mesmo tempo aceita o associacionismo, pelo menos para o sistema nervoso, usando uma nova fórmula: a do *reflexo condicionado.* É evidente que a psicologia dos animais só pode ganhar ao abster-se de toda referência a processos conscientes, já que a introspecção é impossível. Esse aspecto prevaleceu nas pesquisas de *Ivan Petrovitch Pavlov (1849-1936),* ao estudar o reflexo salivar, verificando que este poderia ser produzido por outros meios que a estimulação direta da língua. Notou que estímulos, originalmente sem nenhuma relação com o reflexo salivar, poderiam sozinhos provocar essa reação, quando associados anteriormente com estímulos alimentícios que causaram naturalmente o fluxo de saliva. Tais experimentos se prestam em ampla escala à mensuração e levam a resultados extremamente importantes.

Foi, porém, *J. B. Watson (1878-1958)* que, em 1913, lançou as bases do próprio Behaviorismo, aplicando-o à psicologia humana. Renunciou totalmente à noção da mente e consciência, reduzindo toda a psicologia ao estudo do comportamento. Este deveria ser estudado inteiramente à base de situações de estímulo e reação, sem recurso a processos conscientes concomitantes. Experimentava-se com crianças da mesma forma como com animais, sem indagar, por exemplo, se a *satisfação* produzida por um movimento bem-sucedido (para obter comida) poderia ter qualquer significado funcional.

Tanto as percepções e sentimentos, como as volições e pensamentos tinham que ser expressos em termos de "comportamento" exterior, recorrendo a escola, para este fim, no caso dos sentimentos a tumescências e destumescências dos órgãos genitais ou, no caso dos pensamentos, a processos motores nas cordas vocais, na convicção de que os pensamentos se ligam intimamente à língua. Watson distinguia entre reações explícitas e implícitas (manifestas e encobertas). Entre as primeiras constava também o relato verbal e dessa forma – um tanto inconseqüente – conquistou acesso aos resultados da introspecção.

8.3. A Psicologia Gestáltica

O golpe mortal contra o atomismo psicológico foi desferido no início deste século pela escola gestáltica. Ainda aqui se nota a influência do conceito da totalidade orgânica, derivado da biologia. Outra influência foi o conceito da estrutura de *Dilthey*, proveniente de concepções histórico-sociais. Embora praticando largamente a experimentação, essa escola recorre também em ampla escala à introspecção, divergindo nisso radicalmente do Behaviorismo.

O fundador da psicologia gestáltica é *Max Wertheimer (1880-1943)*, mas os que mais de perto a elaboraram e difundiram, foram *Wolfgang Koehler (1887-1967)* e *Kurt Koffka (1886-1941)*. O ponto crucial de que partiu a nova escola foi a investigação da *visão do movimento*, cujos problemas já preocuparam os eleatas gregos, levando-os a negar por inteiro o movimento. Nisso, eram mais conseqüentes do que os sensacionistas que procuravam constituir um movimento contínuo a partir de átomos sensoriais discretos. Wertheimer negou a validade dessa análise sensorial. O movimento é percebido como tal, na sua essência unitária, não como inferência entre estímulos espacialmente separados (como ensinava o árabe Alhazen no século X). É uma experiência original. Na exposição dessa idéia, ajudou-o uma nova invenção: o filme (Wertheimer serviu-se de um estroboscópio). Quando dois estímulos estacionários são expostos em sucessão rápida, percebe-se um único objeto em movimento. Não há, no caso, uma série espacial de sensações, pois não há realmente um estímulo físico em movimento. Não há nenhuma relação ponto por ponto entre estímulo e fenômeno. O fenômeno *total* do movimento é uma vivência original, é uma *Gestalt* e não um feixe de sensações. O que se nos apresenta é um *campo fenomenal* unitário e não sensações isoladas. Vemos totalidades que são mais que a soma dos elementos e esses elementos não têm existência real.

Esse ponto de vista foi comprovado por uma imensa riqueza de experimentos, também no caso de animais. Uma galinha ensinada a preferir entre dois grãos o escuro, desprezando o mais claro, prefere, colocada diante do mesmo grau escuro e outro, ainda mais escuro, não aquele que comia anteriormente, mas novamente o mais escuro. Não se lhe fixou, portanto, determinada sensação, mas a relação total e assim é que prefere sempre o grão mais escuro.

A psicologia gestáltica investigou, além da percepção do movimento, os fenômenos de contraste, da cor, a influência da forma sobre a cor, as ilusões ópticas e a relação entre figura e fundo, bem como percepções auditivas e outras. Da mesma forma foram investigados sob o ângulo configuracionista problemas da psicologia infantil, animal, da linguagem e aprendizagem, assim como fenômenos complexos, como os impulsos etc. Wolfgang Koehler estendeu a teoria a outros campos, particularmente da biologia, fisiologia e física, enquanto Koffka estudou o desenvolvimento da mente sob o prisma configuracionista.

8.4. A Psicanálise

Uma das maiores revoluções na ciência psicológica proveio do campo da psiquiatria, à base da elaboração de técnicas terapêuticas para curar certos fenômenos psicopatológicos.

Sigmund Freud (1856-1939). Tal revolução não teria sido possível se Freud não tivesse tido interesses teóricos acentuados. Influências de várias espécies, quer diretas, quer indiretas, se notam na sua doutrina: o conceito do inconsciente, definido de maneira diversa, já era corriqueiro; o de recalque fora usado por Schopenhauer que também salientou a tremenda importância do impulso sexual. A tendência "finalista" de funcionalismo exerceu grande influência no jovem estudioso da teoria darwiniana. Assim, McDougall considerou Freud um aliado, já que explicações em termos de desejos, impulsos, necessidades e instintos são explicações finalistas. O *conatus*, de tão longa tradição, desempenha papel extraordinário nessa teoria do dinamismo psíquico. Influência essencial é a que, através da escola psiquiátrica francesa e um seu expoente, *Charcot*, lhe veio fornecer o instrumento de hipnotismo.

Uma das conquistas teóricas mais importantes de Freud é a de que, diversamente de McDougall, não tratou os instintos de forma atomística, rígida, mas, reduzindo o seu número decisivamente, mostrou *o que ocorre com eles* dentro da vida social do indivíduo desde a mais tenra infância, de que forma eles se transformam, fixam, reprimem, exprimem, sublimam.

Foi com Charcot em Paris que Freud aprendeu que o transe hipnótico, tido como a mesma alteração da personalidade que a crise histérica, oferecia oportunidade de compreender as causas desta. Voltando à Viena, tornou a trabalhar com *Breuer*, empregando a hipnose como método. Ambos notam não só revelar o hipnotismo as alterações da personalidade; põe também a nu o fato de continuarem dinâmicas as experiências passadas, ainda que tornadas inconscientes pela repressão. E assim, dinâmicas, agem sobre o comportamento do indivíduo. Essa teoria, básica, é a do *recalcamento*. O indivíduo hipnotizado voltaria a esses estados reprimidos e deste modo, dando-lhe oportunidade de expressão, consegue-se curá-lo. Tal cura através da hipnose, porém, não se apresentava estável. Freud resolve então recorrer ao método da livre-associação: o paciente expande-se verbalmente, ajudado pela transferência (transfere os seus amores e, em caso negativo, os seus ódios ao psicanalista). Durante essa livre-associação, verbal (Galton), Freud notou que havia na corrente de associações certas resistências como indício de repressão de tendências sexuais. Pela livre-associação, obtida a afeição do paciente (transferência) e sua cooperação, o psicanalista seria capaz de dar-lhe tal compreensão de si mesmo que se cura e se liberta da transferência. No decurso do seu trabalho, Freud verifica que, em geral, as neuroses resultam não de conflitos havidos na puberdade e sim já na infância. Esses conflitos determinam a repressão de impulsos que não morrem: permanecem dinâmicos no inconsciente (Herbart). A infância, portanto, é período de grande importância na organização da personalidade porque é idade sexual também (sexual entendido em sentido amplo como *princípio geral de prazer*).

Influenciado por W. Stekel, Freud acrescenta à livre-associação outro meio de se conhecer as causas do conflito: os sonhos, "expressão dinâmica de forças sexuais que, embora reprimidas, lutam para ganhar, de novo, um lugar na consciência". Trata-se de impulsos que são reprimidos pelo Eu consciente, a saber, um "grupo de tendências reforçadas pelas tendências sociais" e éticas. Na vida diária há um empecilho mental constante que lhes veda acesso à consciência: o censor. Durante o sonho, porém, esse censor perde o seu rigor, daí ganharem esses impulsos relativa liberdade — liberdade suficiente para que surjam mascarados, de forma simbólica. Há os sonhos latentes ou manifestos: manifestações de um desejo ou realização adulterada de um desejo.

Os atos fálicos são outro sintoma psiconeurótico de tendências reprimidas. Esquecimentos, trocas de nomes, lapsos de língua revelam tais tendências que, aproveitando-se de um cochilo do censor, influem na ação e no pensamento. A *racionalização*, por sua vez, é um mecanismo pelo qual achamos, de forma inconsciente, boas razões para atos, cujos motivos reais nos envergonham. Outro mecanismo de defesa é o da fuga (Schopenhauer): para defender-nos de motivos condenáveis que nos impelem, refugiamo-nos em uma atitude ou ação que nos defende do grupo ou do nosso Eu social.

Os *complexos* — que se adquirem na infância — representam uma constelação de idéias afetivamente carregadas que foram reprimidas. Os complexos de Édipo e Electra ocorrem quando o menino ou a menina percebem que têm um competidor (ou competidora) junto daquele (ou daquela) que mais associado estava aos seus sentimentos sexuais.

Os períodos sexuais característicos (no sentido acima indicado) são os do polimorfismo sexual, do auto-erotismo e do amor do objeto. Entre os primeiros objetos do amor é a mãe. No decorrer do tempo, a libido tende a buscar novos objetos e prefere aqueles que representam os primeiros seres amados. Busca depois uma pessoa igual a si mesma — é a fase homossexual. Segue-se-lhe a fase heterossexual, ao se darem as modificações orgânicas da puberdade. Sempre que o indivíduo não se pode ajustar, tende a *regredir* a um estádio em que tenha tido satisfação, principalmente ao da infância.

A *sublimação* ocorre quando a libido é desviada do objeto de amor para fins não sexuais; a *projeção* é um meio de ajustamento por uma atividade substituta para a libido. As artes, a religião, a ciência etc., seriam manifestações de fantasias sexuais sublimadas.

Freud adota uma tripartição da mente: o *ego* que é o nosso núcleo consciente; o *id*, ou seja o "depósito" inconsciente dos impulsos reprimidos; e o *superego*, representante dos princípios éticos (essa tripartição lembra de longe a platônica, evitando, no entando, qualquer juízo de valor). Através de todas as suas obras, Freud sempre destaca, bem ao contrário de McDougall, a extrema plasticidade dos instintos básicos (libido, impulso da morte, cuja projeção é a "agressão"; no que se refere à doutrina dos impulsos, a psicanálise de Freud passou por várias modificações) e toda a teoria psicanalítica é, em essência, uma exposição da variedade das manifestações dos impulsos, em conseqüência de condições variáveis de ambiente, aos quais os instintos tendem a adaptar-se de forma diversa.

Os alunos de Freud. Entre os inúmeros alunos de Freud destacam-se Rank, Jung, Adler. Foi Rank quem lançou a teoria do traumatismo do nascimento, o primeiro choque que sofre a criança ao passar à vida extra-uterina. Foi Rank também que aplicou a psicanálise com grande acuidade à arte.

Carl Gustav Jung (1875-1961), criador da "psicologia analítica", emprega como instrumento de análise da vida emocional do paciente o teste da associação. A sua escola – a de Zurich – descobriu então, pelos trabalhos de Fuerst, os "tipos de associação", já propostos por Galton. Jung, no entanto, diverge de Freud quanto à teoria da libido: não crê que a sexualidade constitua a base dos conflitos. Admite como força poderosa as tendências instintivas e destas, as de autopreservação que interpreta como tentativa de conservar a individualidade contra a interferência social. Diverge de Freud também na concepção do inconsciente que não seria apenas "depósito" de experiências reprimidas, mas também de material simbólico representando as tendências da espécie (inconsciente coletivo). A libido se manifesta nos indivíduos por duas tendências capitais: a que visa ao mundo interior (tipo introvertido) e a que visa ao mundo exterior (tipo extrovertido).

Alfred Adler (1870-1937), criador da "psicologia individual", também diverge de Freud ao atribuir papel capital não aos fatores sexuais, mas aos desejos que se relacionam com a afirmação do eu individual e com a sua superioridade sobre os outros, desejos esses que têm origem sobretudo no temor da inferioridade. O senso de inferioridade que, no início da vida, cada ser humano possui em face das forças que o rodeiam, determina a tendência fundamental da nossa vida buscar uma superioridade que compense (ou "supercompense") a deficiência ou inferioridade. Daí pode resultar uma real superioridade ou, conforme o caso, uma moléstia ou neurose pode tornar-se o mecanismo compensador. O senso de inferioridade desenvolve-se geralmente na infância, devido a determinadas constelações de família (situação de primogênito, caçula etc.) ou devido a uma deficiência orgânica. A tarefa do psicoterapeuta é investigar as vias de compensação que, desde criança, o paciente adotou. O tratamento consiste em levar o indivíduo a dominar o seu senso de inferioridade e a atingir superioridade real e equilibrada (não a supercompensação que é indício do desequilíbrio), de modo que possa ver claramente o que temia fazer, o que teme ou evita. A psicologia individual de Adler é indubitavelmente de grande valor para a psicologia educacional e não é preciso destacar que todas as tendências que se baseiam nas descobertas fundamentais de Freud provocaram verdadeira revolução no corpo das concepções educacionais.

8.5. A Psicologia Social

O conceito hegeliano do "espírito objetivo" (os fenômenos culturais como manifestações de sociedades), a sensibilidade dos românticos pelas peculiaridades das diversas "almas coletivas", depois o positivismo de Comte, Mill e Spencer e a doutrina de Marx contribuíram para criar aquela atitude de que nasceram as modernas ciências sociais, tais como a sociologia, a etnologia, a antropologia cultural. É evidente que tanto as ciências sociais como a psicologia muito poderiam ganhar com um intercâmbio mais estreito. Foi esta, aliás, a idéia de Wundt, ao afirmar que a psicologia experimental necessitava de uma complementação pela psicologia dos povos (*Voelkerpsychologie*).

De um grande número de trabalhos situados na fronteira entre a psicologia e as ciências sociais cristalizou-se finalmente a Psicologia Social. Tomando por base a conceituação de Otto Klineberg pode-se definir a Psicologia Geral como o estudo científico das atividades do indivíduo, enquanto a Psicologia Social seria "o estudo científico das atividades do indivíduo em situação coletiva, ou em relação com as atividades de outros indivíduos". É, no entanto, muito difícil estabelecer limites precisos entre os vários campos. O fato é que o indivíduo sempre está em situação social e essa realidade — variável segundo as culturas variadas — determina profundamente as suas reações e atitudes. Assim, a maioria das questões relacionadas com a vida intelectual, emocional e volitiva — abordadas pela Psicologia Geral — fazem ao mesmo tempo parte da Psicologia Social. Somente o estudo da Psicologia Social torna possível uma definição mais exata acerca do que, em cada manifestação psíquica, é independente da vida coletiva, decorrendo ou das qualidades gerais da espécie (a famosa "natureza humana") ou de peculiaridades individuais ou raciais. De outro lado, também a psicologia diferencial não pode furtar-se a uma aferição com os resultados da Psicologia Social. As grandes diferenças, por exemplo, que inicialmente se verificaram através de testes, no que se refere à inteligência dos negros e índios etc., decorrem, como se notou posteriormente, em larga medida de influências sociais e culturais.

A influência das ciências biológicas. De uma forma geral, a primeira reação dos psicólogos em face do material crescente acumulado pelas ciências sociais foi a tentativa de explicar os fatos sociais em termos de *características invariáveis dos indivíduos.* É evidente que essa tendência se manifesta particularmente entre os psicólogos influenciados pelo nativismo biológico. Assim, *McDougall* procura explicar a vida social à base dos instintos, disposições inatas para a atividade e fatores fundamentais da vida mental. A vida social não é um fenômeno que possa ser entendido em termos próprios: ela tem a sua raiz na natureza inata dos indivíduos humanos, cuja interação não decorre senão das leis da Psicologia Geral. A partir daí, o "instinto gregário" (W. D. Trotter) começa a desempenhar um papel extraordinário e a interação humana é explicada em termos de sugestão, imitação e simpatia, como mecanismos fundamentais que possibilitam o convívio humano.

Também Freud, muito mais inclinado a reconhecer a importância dos fenômenos sociais como tais, assim como a sua enorme influência sobre as manifestações dos instintos, foi adepto da teoria nativista, embora bem mais sutil do que a de McDougall. Considerou a organização social como um sistema de restrições desenvolvido para reprimir os instintos básicos do homem. Se não existissem certos tabus, os instintos fundamentais se teriam desenvolvido de forma a tornar impossível a organização social e, portanto, a sobrevivência do homem.

Gustave Le Bon (1841-1931) e Gabriel Tarde (1843-1904). Anteriores à primeira obra de McDougall sobre a Psicologia Social (1908) são os estudos de Le Bon e Tarde. O primeiro, médico, dedicou a sua atenção principalmente à psicologia das massas, encarando as multidões e os grupos como tendo uma mentalidade própria, diversa daquela dos indivíduos componentes. Influenciado pelas pesquisas psiquiátricas francesas (Charcot), acentuou em particular a extrema sugestionalidade e a histeria das massas, associadas a uma ausência patológica de inibições racionais. O importante é que Le Bon reconhece claramente que o grupo é uma totalidade com característisticos novos que, como tais, não decorrem da mera soma dos indivíduos.

Gabriel Tarde, criminalista e sociólogo, tomou outros rumos. Procurou esboçar uma análise lógica das formas de interação social, chegando a formular uma série de leis acerca dos fenômenos em questão. Ao lado das leis de renovação e invenção – como base das mudanças – destacou a lei da imitação (que abrange também a sugestionabilidade). Postula, portanto, um mecanismo psicológico, pelo qual o grupo influi no indivíduo ou pelo qual os indivíduos se influenciam mutuamente.

Os métodos experimentais na Psicologia Social. A aplicação dos métodos experimentais na Psicologia Social deu a este ramo da psicologia uma base mais sólida. Já pelo fim do século passado, Binet iniciou testes sobre a sugestão e sugestionabilidade. Desde então se fizeram inúmeros testes acerca dos efeitos da competição e da "indução" (facilitação social) sobre o comportamento do indivíduo, sobre a modificação das atitudes e opiniões sob influência da propaganda, sobre a opinião pública e da sua variação em diversas circunstâncias, sobre o condicionamento social da rapidez de reações e dos interesses básicos etc. Moede na Alemanha fez uma série de experimentos relativos à influência de grupos sociais sobre o retardamento ou aceleração da atividade individual e sobre o vigor crescente ou descrescente do trabalho muscular. Estudaram-se os fatores sociais na percepção e na memória, as diferenças entre os sexos e as raças, a motivação humana e o comportamento emocional, tudo em relação às respectivas influências sociais.

Condicionamento social versus *nativismo*. Frente às doutrinas nativistas acima esboçadas, impõem-se cada vez mais teorias que acentuam a peculiaridade dos fenômenos sociais, as quais representariam uma esfera de fenômenos irredutível a um agregado de indivíduos dotados de mecanismos inalteráveis e idênticos. Começava a preponderar a antiguíssima teoria (Platão!) da influência decisiva do condicionamento social do indivíduo. O conceito da sugestionabilidade de Tarde afigura-se, nesse contexto, como uma noção destinada a mediar entre o todo social e os átomos individuais. É ela que explicaria por que seres essencialmente uniformes podem ser plasmados pelo seu ambiente.

Foi particularmente *Charles Cooley* que deu à Psicologia Social a orientação apontada. A personalidade humana é um produto social, a maioria das nossas crenças ou atitudes são adquiridas socialmente. Assim, a ordem social determina a personalidade individual. Menos extrema é o ponto de vista de *Franz*

Boas e de sua escola que, embora destacando o peso dos fatores sociais e culturais, não esquece que o homem é também um ser biológico. Uma linha crítica mantém também *Malinovski*, mostrando que o complexo de Édipo (Freud) necessita de uma completa redefinição a fim de ter validade para sociedades diversas .da sociedade ocidental de determinada época. Tal criticismo produziu amplo surto de doutrinas neofreudianas, como as de *Erich Fromm* e *A. Kardiner*, que procuram imprimir à teoria de Freud, parcialmente sob influência marxista, uma orientação antes social que biológica.

8.6. A Psicologia como Ciência Cultural

Um novo ramo de psicologia, mais próximo da vida e do conhecimento do ser humano como pessoa concreta e total, desenvolveu-se, a partir dos fins do século passado, sob a influência da Filosofia da Vida (Nietzsche, Dilthey) e dos filósofos neokantianos *Wilhelm Windelband (1848-1915)* e *Heinrich Rickert (1863-1936)* (da Escola do Sudoeste da Alemanha). Para ambos, a filosofia é Ciência dos Valores. Em conexão com o conceito do valor — nova categoria de grande fecundidade — desenvolve-se uma nova classificação das ciências, divididas em ciências naturais ou generalizadoras (nomotéticas) e ciências histórico-culturais ou individualizadoras (idiográficas, que procuram entender os fatos individuais e não processos cujas regularidades podem ser expressas em leis). É o conceito do valor que é de importância fundamental no campo das ciências histórico--culturais, pois o individual (por exemplo na seleção do material histórico sempre individual) pode tornar-se essencial somente em relação a um valor: enquanto nas ciências naturais é essencial somente o que é geral, de modo que cada caso individual tem importância apenas como *exemplo* do geral, nas ciências histórico-culturais, que não visam ao geral, os fenômenos individuais podem ser selecionados, como significativos, somente em relação a um valor.

Wilhelm Dilthey (1833-1911) é representante da Filosofia da Vida no campo da história. O "historicismo" de Dilthey, de certa forma divergente do pensamento biologizante de James e Bergson, coincide, no entanto, com esses pensadores no destaque que ele dá ao *devir* vivo e na negação do método das ciências naturais, enquanto se trata de *entender* a vida humana, essencialmente histórica. A vida, nesse sentido, é uma conexão teleológica, uma estrutura de impulsos de unidade total, uma configuração que abrange a espécie humana. Toda manifestação vital tem significado somente dentro de estruturas mais amplas das quais lhe vem o sentido. Entendemos tais estruturas não com o intelecto apenas, mas com a totalidade da nossa alma. Esse entendimento não é, portanto, um mero "explicar" à maneira causal, não é mera função racional, mas realiza-se com todas as energias emocionais da alma, é um movimento da vida para a vida.

A psicologia, neste sentido, torna-se fundamento das ciências culturais e históricas. Ela é descritiva e compreensiva e não explicativa de causalidades; no fundo, baseia-se na intuição artística. Explicamos a natureza, mas entendemos a vida psíquica. Dilthey, como mais tarde Spranger, dirige-se contra a psicologia atomística que nunca pode dar-nos uma intuição dos processos psíquicos mais elevados.

Para tanto temos de relacionar esses processos (como fenômenos parciais) com conexões estruturais mais amplas: são esses que entendemos primeiro e a partir daí entendemos as partes. Mas a pessoa concreta não existe num vácuo; vive integrada em estruturas históricas, culturais, mais amplas. Temos de integrar o homem no fluxo histórico, investigando-o em relação a ele.

Eduard Spranger (1882-1963) elaborou com rigor o conceito da "Verstehende Psychologie" (Psicologia do Entendimento). Entender, enquanto oposto ao explicar, significa apreender, como significativas, conexões espirituais na forma de conhecimento objetivamente válido. Entendemos somente estruturas significativas. Pela qualidade da conexão significativa diferencia-se o entender do mero explicar por exemplo de nexos causais à base de leis de sucessão exterior. O entender parece penetrar na conexão íntima. Apreende sempre um *sentido*, impregnando por assim dizer um fenômeno espiritual com a vida daquele que entende. Algo tem sentido se é integrado numa totalidade valiosa como parte constitutiva. É portanto significativa uma ordem ou conexão de partes que formam uma totalidade valiosa. Assim, numa sentença cada palavra tem um sentido determinado e a sentença, por sua vez, tem sentido no contexto maior duma manifestação científica ou literária. Vivências ou momentos particulares da vida têm sentido quando significativos na totalidade da vida. O homem, no entanto, não é uma estrutura em si fechada. Para podermos compreender uma pessoa verdadeiramente, é necessário um saber acerca de conexões histórico-sociais mais amplas. Assim, a totalidade, a partir da qual podemos entender uma pessoa, é muito mais ampla do que a totalidade do seu mundo de vivências individuais. Entender é, portanto, muito mais que "empatia", pois o indivíduo visado muitas vezes não sabe das conexões superiores das suas vivências pessoais. Vemos, portanto, o indivíduo, com seu "espírito subjetivo", apenas como segmento condicionado pelo espírito objetivo. Somos condicionados por um acervo de configurações espirituais supra-individuais como as esferas econômica, científica, política, moral, religiosa da respectiva cultura, que nos envolvem, dirigem e dominam. Entendemos o homem de determinada época somente se podemos comparar as suas vivências significativas com essas esferas de valor objetivas.

O entendimento de complexas estruturas espirituais não seria possível se não existissem tais linhas fundamentais eternas que possam servir de coordenadas do entendimento. Dentro da unidade vital total podem ser diferenciadas as seguintes orientações significativas básicas (que na realidade nunca se encontram puras) e que parecem ser constitutivas para a vida espiritual do homem: os valores biológico-econômicos, teóricos, estéticos, aos quais se acrescentam como formas de relação social os valores sociais e de poder. Quando todas essas orientações significativas coincidem, na unidade da vida espiritual, falamos de valores ético-religiosos: os religiosos exprimindo o sentido supremo do mundo, os éticos exprimindo o sentido supremo da vida pessoal.

Neste ponto, a psicologia de Spranger, no esforço de entender o individual, e singular de forma científica, forçosamente se torna *Tipologia*. Todo o movimento da psicologia das ciências culturais, ao polemizar contra a opinião aristotélica de que só o geral pode tornar-se objeto da ciência e ao salientar bem ao contrário, que também o individual é acessível ao conhecimento científico, tende a transformar-se em psicologia diferencial: com efeito, de outra forma esse ramo da psicologia não poderia tornar-se a base das ciências histórico-culturais, cujo objeto são fenômenos singulares. Negando, contudo, a possibilidade de entender o indivíduo como estrutura total através de testes e métodos experimentais (cujo valor, no entanto, é reconhecido) e destacando que o indivíduo como tal *est ineffabile*, adota um termo médio entre o individual e o geral – o *tipo*, obtido através da "abstração concreta". "Podemos aproximar-nos dessas especificações (individuais) do humano na sua generalidade espiritual somente através de formas conceituais que se localizam no meio entre o totalmente abstrato e o totalmente concreto. Chamamos tal concretização do conceito geral um tipo. A concretização da estrutura psíquica humana geral segundo leis especiais leva-nos a tipos humanos..." Obtendo-se o tipo por meio da indução, pela investigação de casos semelhantes, chega-se a *tipos médios*. Obtendo-se o tipo pela construção apriorística (caso de Spranger), à base de uma lei que se imagina realizada, chega-se a tipos ideais. Ambos os métodos naturalmente deveriam ser unidos. Os tipos ideais de individualidade, no caso de Spranger, são formados conforme constantes de valor ou as orientações significativas acima enumeradas. Neste sentido ideal, obter-se-iam, portanto, o homem teórico, estético, social, o homem político (orientado pelo poder), o homem religioso e o homem econômico. Já a psicologia diferencial costuma chegar às suas classificações tipológicas por meio de vasto material indutivo (embora naturalmente não pode dispensar a construção apriorística).

É a partir dessa tentativa de captar o individual de forma científica que se compreende o enorme surto de tipologias, logo de orientação fisiológica e anatômica (Kretschmer), logo de tendência psicanalítica (Jung etc.), logo de fundamentação axiológica (Spranger). Entre as numerosas tipologias modernas devem ser mencionadas ainda as de E. Wechsler, E Jaensch e, mais recentemente, à base de considerações sociológicas, a de David Riesman.

Conclusão. Nos desenvolvimentos mais recentes nota-se a superação definitiva do atomismo, sem que isso implicasse o abandono total das teorias de associação, cujos inícios podem ser encontrados no pensamento de Platão e Aristóteles. Tal atomismo desmoronou-se sob o impacto da biologia, da sociologia e das ciências culturais que impõem, de forma variada, a noção da totalidade. Concomitantemente se impõe, face à antiga psicologia dos conteúdos que se agregam por causalidade, a psicologia dos atos (Brentano) e do finalismo que, em oposição ao mecanicismo, destaca a organização adaptativa e concede à consciência apenas um lugar limitado na totalidade da vida psíquica. Importante é à influência da psiquiatria através das teorias de Freud, cuja contribuição mais epocal, não só para a terapêutica e psicologia aplicada, mas também para a psicologia pura, certamente é uma nova visão genética do homem, como história individual a partir dos primeiros dias de vida, como totalidade dinâmica não só em cada momento da vida, mas na sua continuidade biográfica em que desempenha papel importante o inconsciente, precisamente por não estar sujeito à categoria do "tempo histórico". A isso se liga a sua maneira de ver os impulsos básicos como integrados nessa história, não como fatores rígidos, mas altamente maleáveis, capazes de manifestações de imensa variedade, segundo as influências externas.

A continuidade histórica da psicologia manifesta-se nas tipologias modernas que, de forma mais sutil, voltam às tentativas antigas de classificar o homem, embora não mais segundo temperamentos e a mistura de humores. A mesma continuidade se revela nas modernas teorias de camadas psíquicas — quer do inconsciente, ego e superego, quer da "pessoa cortical" — "pessoa profunda" (Fr. Krauss), quer na de Rothacker que, na sua teoria das camadas vegetativa, animal, humana-profunda e humana-pessoal, volta a Aristóteles, também pela integração dessas estruturas no processo evolutivo. Essa volta a algumas idéias antropológicas fundamentais da Antigüidade, intimamente ligada ao evolucionismo, relaciona-se com a tendência ontológica de importantes correntes da filosofia moderna, mercê das quais se procura superar o dualismo de Descartes e de Kant pela integração do ser humano nas camadas superpostas do ser cósmico.

PSICOLOGIA E PSICANÁLISE NA PERSPECTIVA

Distúrbios Emocionais e Anti-Semitismo – N. W. Ackerman
   e M. Jahoda (D010)
LSD – John Cashman (D023)
Psiquiatria e Antipsiquiatria – David Cooper (D076)
Manicômios, Prisões e Conventos – Erving Goffman (D091)
Psicanalisar – Serge Leclaire (D125)
Escritos – Jacques Lacan (D132)
Lacan: Operadores da Leitura – Américo Vallejo e Ligia C. Magalhães
   (D169)
A Criança e a Febem – Marlene Guirado (D172)
O Pensamento Psicológico – Anatol Rosenfeld (D184)
Comportamento – Donald Broadbent (E007)
A Inteligência Humana – H. J. Butcher (E010)
Estampagem e Aprendizagem Inicial – W. Sluckin (E017)
Percepção e Experiência – M. D. Vernon (E028)
A Estrutura da Teoria Psicanalítica – David Rapaport (E075)
Freud: A Trama dos Conceitos – Renato Mezan (E081)
O Livro dIsso – Georg Groddeck (E083)
Melanie Klein I – Jean-Michel Petot (E095)
Melanie Klein II – Jean-Michel Petot (E096)
O Homem e Seu Isso – Georg Groddeck (E099)
Um Outro Mundo: A Infância – Marie-José Chombart de Lauwe (E105)
A Imagem Inconsciente do Corpo – Françoise Dolto (E109)
A Revolução Psicanalítica – Marthe Robert (E116)
Estudos Psicanalíticos Sobre Psicossomática – Georg Groddeck (E120)
Psicanálise, Estética e Ética do Desejo – Maria Inês França (E153)
O Freudismo – Mikhail Bakhtin (E169)
Psicanálise em Nova Chave – Isaias Melsohn (E174)
Freud e Édipo – Peter L. Rudnytsky (E178)
Os Símbolos do Centro – Raïssa Cavalcanti (E251)
Violência ou Diálogo? – Sverre Varvin e Vamik D. Volkan (orgs.) (E255)
Cartas a uma Jovem Psicanalista – Heitor O'Dwyer de Macedo (E285)
Holocausto: Vivência e Retransmissão – Sofia Débora Levy (E317)
Os Ensinamentos da Loucura: A Clínica de Dostoiévski, – Heitor
   O´Dwyer de Macedo (E326)
O Terceiro Tempo do Trauma – Eugênio Canesin Dal Molin (E346)
A "Batedora" de Lacan – Maria Pierrakos (EL56)
Memória e Cinzas: Vozes do Silêncio – Edelyn Schweidson (PERS)
*Acorde: Estratégias e Reflexões Para Atualizar Habilidades de
   Relacionamento em Tempo de Inovações* – Abel Guedes (LSC)
A Grande Mentira – José María Martínez Selva (LSC)

Este livro foi impresso na cidade de Cotia,
nas oficinas da Meta Brasil,
para a Editora Perspectiva.